KB205372

영적 순례자들을 위한 40일 묵상

기도하며 함께 걷는

요한의 길

Forty day Meditations for Spiritual Pilgrims

도서출판사 TOBIA

강신덕 목사는

서울신학대학교와 캐나다 밴쿠버 리젠트 칼리지에서 기독교교육과 제자훈련을 공부하고 기독교대한성결교회 총회 교육국에서 오랫동안 성서교재 만드는 일에 헌신했다. 현재는 샬롬교회 책임목사로 사역하고 있으며, 토비아선교회에서 순례와 말씀 아카데미 그리고 콘텐츠 선교로 헌신하고 있다. 그 외에 다양한 번역과 저술 활동에도 힘쓰고 있다. 저서로는 『성경여행』, 『예수의 길』, 『바울의 길』, 『갈릴리의 길』, 『이방의 길』, 『광야의 길』, 『요한의 길』, 『결실』, 『이 사람을 보라』, 『라헬의 눈물』, 『하나님의 어린양』 등이 있다. 번역서로는 『내향적인 그리스도인을 위한 교회 사용 설명서』(2022. IVP)가 있다.

영적 순례자들을 위한 40일 묵상

기도하며 함께 걷는 요한의 길

Forty day Meditations for Spiritual Pilgrims

1판 1쇄 2024년 1월 29일

저자_강신덕
편집_오인표
디자인_오인표
펴낸이_강신덕
펴낸곳_도서출판 토비아
등록_107-28-69342
주소_03383) 서울특별시 은평구 은평로 21길 31-12, 4층
   T 02-738-2082 F 02-738-2083

ISBN: 979-11-91729-21-4 03230
* 도서출판 토비아는 토비아선교회가 순례, 말씀사역, 콘텐츠선교를 위해 세운
  출판브랜드입니다.

영적 순례자들을 위한 40일 묵상

기도하며 함께 걷는

요한의 길

Forty day Meditations for Spiritual Pilgrims

도서출판사 TOBIA

"요한의 길" 묵상집은
순례하는 마음으로 믿음의 길을 가는 여러분을 위해 만들었습니다.

1. 일상에서 순례자로 말씀 묵상을 원하시는 분들에게 40일간의 묵상을 권합니다.
2. 성지 요한의 일곱 교회와 밧모 섬을 포함한 튀르키에, 그리스 순례를 계획하신다면
   이 묵상집과 함께 순례의 길을 떠나시기 바랍니다.
3. 사순절과 고난주간 그리고 부활절을 묵상하며 보내는 자료로 활용하실 수 있습니다.
4. 공동체의 의미 있는 기도와 말씀 나눔에 활용하셔도 좋습니다.

토비아선교회 유튜브채널

토비아선교회는 토비아 유튜브채널을통해 다양한 신앙콘텐츠를 제작하여 업로드하고 있습니다. 아래 QR코드를 스마트폰 카메라로 스캔하시면 토비아 유튜브채널에서 제공하는 다양한 영상 콘텐츠를 시청할 수있습니다.

랜선순례 콘텐츠는 토비아선교회가 제작하여 유튜브채널을 통해 공개한 영상 성지순례입니다. 예수님께서 사역하신 역사와 지리, 그 현장의 이야기와 깊은 묵상의 주제를 함께 나눕니다.

토비아선교회
유튜브채널

토비아선교회
랜선순례콘텐츠

토비아선교회
홈페이지

또 다시 잊히다

예수님을 이야기하다

Forty day Meditations for Spiritual Pilgrims

Prologue

요한의 길을 따르다

내가 하나님의 아들의 이름을 믿는 너희에게 이것을 쓰는 것은
너희로 하여금 너희에게 영생이 있음을 알게 하려 함이라
요한1서 5장 13절

2023년 태양이 작열하던 여름날, 에베소의 요한기념교회the Basilica of St. John 유적을 둘러보았습니다. 교회 유적은 에베소 도시 유적이 있는 곳으로부터 동북 방향으로 조금 떨어진 곳, 아야솔루크Ayasoluk 언덕에 자리 잡고 있었습니다. 원래 요한의 영묘mausoleum가 있었는데, 주후 5세기에 신실한 신앙인이었던 황제 데오도시우스Theodosius I가 영묘를 포함해 교회로 다시 지었습니다. 이후 교회는 여러 부침의 세월 속에 방치되어 있었습니다. 그러다 주후 6세기 동로마제국 유스티니아누스Justinianus I 시대에 황제의 명령으로 그리고 에베소 주민들의 열의로 데오도시우스의 것보다 더 크게 지어졌습니다. 동시에 에베소의 유명한 아르테미스 신전Artemis temple은 사라졌습니다. 사도 바울 이래 에베소 교회의 염원이 함께 실현된 것입니다. 바울 이래 디모데 등 에베소 교회 지도자들은 아르테미스 신 숭배를 버리지 못하는 도시를 위해 기도했고 아르테미스가 아닌 예수 그리스도를 섬기는 도시가 되도록 애써왔습니다. 그 결실은 결국 5백 년이 지나 유스티니아누스

시절이 되어 드디어 맺어졌습니다. 세월이 흘러 요한기념교회는 이슬람의 땅이 되어 예전의 영광을 잃고 폐허로 남았지만 지금도 교회는 예전 영광의 일부를 뿜어내고 있습니다.

이제 오래전 교회의 입구였던 곳으로 발걸음을 향합니다. 비잔틴 양식byzantine form의 전형적인 그리스 십자greek-cross 형태로 지어진 교회는 아래가 긴 십자가 모양입니다. 비잔틴 제국만의 고유한 건축 발명품 펜던티브 돔pendentive dom을 일곱 개나 가진 거대한 교회였습니다. 동일한 양식의 교회가 모두 그렇듯 성소를 동쪽으로 향하고 있습니다. 그래서 교회로 들어가려면 서쪽으로 펼쳐진 아트리움Artrium 쪽에 있는 입구를 이용해야 합니다. 역시 거대한 교회 입구를 지나 구도자의 방이라는 나르텍스Nartex를 둘러보고 본격적인 교회 내부로 들어섭니다. 먼저 회중들이 자리하는 긴 나이브Naive가 있습니다. 그곳을 지나면, 회중석을 가르며 솟아 있던 설교단 베마Bema터가 나옵니다. 그리고 그 베마를 넘어서면, 십자가의 머리 부분과 양팔 부분이 교차하는 곳이 눈에 들어옵니다. 살짝 계단으로 올라서도록 해 회중석과 구별해 둔 곳, 제단altar입니다. 제단은 남북 양쪽으로 펼쳐지는 별도의 예배실들을 끼고 중앙에 정방형 네 기둥을 둔 탁자 모양으로 있습니다. 지금은 탁자가 무너졌지만 사도 요한은 그 제단 아래 묻혔습니다. 그는 죽어서도 자기를 온전히 예수님과 하나님 나라를 위해 바치겠다는 모양으로 제단 아래 누워 있습니다.

'요한의 무덤'the Tomb of St. John이라고 쓰인 제단 팻말 앞에 한참 서 있었습니다. 요한은 여기 에베소에서 사역하다 죽었습니다. 그리고 이 자리에 묻혔습니다. 요한은 로마 세상의 구석, 유대라는 속주의 잘 알려지지 않은 갈릴리 지방 출신이었습니다. 그랬던 그가 수천 킬로미터 떨어진 이곳 에베소에서 사역하다 죽은 것입니다. 그는 갈릴리 사람이었고 유대인이었습니다. 동네 회당을 다니며 유대교 신앙을 배우고 익혔지만 로마가 다스리고 헤롯이 지배하는 세상에서 그런 것들 배우면 쓸데가 과연 있을까 하는 생각을 했습니다. 조금 나이가 들어 세상 돌아가는 소리를 들으면서 화도 나고 절망스럽기도 했습니다. 그래서, 세상 돌아가는 꼴이 마음에 들지 않아 이리저리 치기어린 행동을 벌이기도 했고 요단 강에서 특별한 일을 벌인다는 세례 요한이라는 사람을 쫓아다니기도 했습니다. 그는 아버지 세베대, 형 야고보와 함께 줄곧 어부였습니다. 그런데 그의 인생에 한 사람이 한 줄기 빛처럼 찾아들었습니다. 그와 같은 갈릴리 작은 마을 나사렛에서 온 예수라는 사람이었습니다. 예수라는 사람은 갈릴리 어부였던 그에게 와서 '제자로 따르라' 말했습니다. 요한은 아직 어렸습니다. 그는 아버지를 쳐다보고 형을 바라보며 머뭇거렸습니다. 그런데 그와 함께 어부 생활을 하던 베드로와 형제 안드레 그리고 친형 야고보가 선뜻 예수라는 사람을 따라 제자가 되겠다고 했습니다. 그들과 함께 요한도 그를 따르겠다고 나섰습니다. 얼떨결에 그 사람 예수의 제자가 되었습니다.

이후 요한의 이름은 복음서에서 자주 발견됩니다. 그는 다른 제자들에 비해 가까이서 스승 예수와 동행했습니다. 그는 스승이 베드로 장모를 고치실 때, 혹은 귀신에게 사로잡힌 아이를 고칠 때, 변화산에 올라가 생경한 변모에 함께 했습니다. 그의 동행은 이후 스승의 십자가를 향한 길에서도 이어집니다. 그는 무엇보다 스승의 십자가 죽음을 지켰습니다. 그리고 거기서 스승의 어머니 마리아 부양을 부탁받습니다. 다른 복음서와 달리 자신의 이름으로 된 복음서에서 요한은 '사랑하시는 제자'라는 묘한 표현으로 등장합니다. 그 책에서도 요한은 여전히 제자들의 핵심이었습니다. 그런데 이렇게 스승을 잘 따랐다고 해서 훌륭하지는 않았습니다. 요한은 아직 어렸습니다. 그는 스승 예수가 벌이는 일들을 이해할 수 없었습니다. 종종 스승이 의도를 품고 가는 일에 방해자이기도 했습니다. 스승이 사마리아 사람들을 품으려 할 때 그들을 향해 오히려 불같이 화를 내려 했습니다. 또 스승이 십자가의 길로 들어서려 할 때 그 길을 잘 이해하지 못하고서 자기 명예와 영광 얻기를 함부로 앞세웠습니다. 요한은 분명 앞뒤 분간을 잘하지 못하는 어린 청년이었습니다. 그래서 스승 예수는 그를 향해 '우레의 자식'이라는 별명을 지어주었습니다.

그래도 요한에게 성장과 성숙의 포인트가 있었습니다. 추측하건대 그는 스승의 십자가 처형 자리에서 중요한 깨달음을 얻었던 것 같습니다. 그는 그 자리에서 스승이 진정 하나님의 아들, 구원자 예수 그리스도라는 것을 체험했습니다. 이 깨달음은 곧 확신이 되었습니다. 확신을 가진 요한은 이후 부활하신 예수님을 만났습니다. 그분의 부활을 경험하면서 더 큰 확신을 품게 되었습니다. 예수 그리스도를 통해 드러난 하나님의 구원과 영생으로 인도하시는 은혜를 온전히 믿게 된 것입니다. 이제 스승 예수를 주님Lord과 하나님으로 부릅니다. 예수님께서 말씀하신 성령을 받은 후에는 더욱 굳건해졌습니다. 그렇게 요한은 동료들과 그리고 성령으로 더불어 충만한 사람들이 되어 구원자 되신 예수님을 나누고 그 도리를 전하는 교회를 이루었습니다. 요한은 그 교회에서 흔들림 없는 중심이었습니다. 전에 예수님의 중심제자였으면서 천지를 분간하지 못하던 때와는 완전히 달라졌

습니다. 그는 아직 어렸지만 이제 진정한 제자, 진정한 교회의 중심이 되었습니다.

그런데 이 시점으로부터 요한의 행적이 묘연합니다. 그는 연기처럼 사라졌습니다. 사도들의 행적을 기록한 사도행전 8장의 사마리아 선교와 부흥 사건 이후 요한은 흔적을 찾을 수 없습니다. 한 가지 추측은 그가 예수님의 어머니 마리아를 모시고 살았으리라는 것입니다. 그가 어디서 어떻게 마리아와 살았는지는 분명하지 않습니다. 어쨌든 그는 이때로부터 한동안 완벽하게 사도행전의 이야기로부터 그리고 교회사로부터 사라진 존재가 되었습니다. 요한이 사라졌다고 그 시절 교회가 정체되거나 퇴보하지는 않았습니다. 요한이 사라진 시절 내내 교회는 베드로와 바울을 비롯한 사도들과 제자들 그리고 그들의 동역자들과 더불어 큰 부흥의 시대를 보내고 있었습니다. 사도들과 제자들의 사역은 대단했습니다. 그들은 그리스-로마 세계를 넘어 주변 여러 나라들로 퍼져나갔습니다. 어떤 곳은 완전한 야만의 세계이기도 했습니다. 그러나 주저하지 않고 성령께서 인도하시는 대로 나아갔습니다. 그리고 그 땅에 선교적 결실을 맺었습니다. 요한은 동료 사도들과 제자들이 얼마나 대단한 일들을 이루고 있는지에 관한 소식을 접했습니다. 그러나 그는 침묵했습니다. 한 가지 교회 전통이 이야기하는 것은 그가 그 시절 마리아와 함께 소아시아의 에베소로 왔다는 것입니다. 에베소는 그때 이미 바울의 사역지가 되어 있었습니다. 바울은 에베소에서 그의 동역자들과 더불어 엄청난 일들을 이루고 있었습니다. 바울과 요한이 만났는지는 알 수 없습니다. 그러나 바울은 몰라도 요한은 바울의 부흥 소식을 접했을 가능성이 높습니다. 그러나 바울의 소식에도 여전히 침묵했습니다. 교회나 복음과 관련해 아무것도 하지 않았습니다.

　요한이 등장한 것은 한참이나 세월이 흐른 주후 80년대 중반이었습니다. 그때는 이미 그의 동료 사도들과 제자들 그리고 동역자들이 모두 순교하거나 자연사한 시점이었습니다. 예수 그리스도의 교회들 가운데 그가 아는 사람이 지도자인 경우는 거의 없었습니다. 그 시절 교회 사람들은 요한에 관해 이야기를 들었지만 그가 누구인지 알 수 없었습니다. 누구도 본 적이 없기 때문입니다. 교회 지도자들의 세대 교체가 이루어져 요한이 낯설어진 그 시절에 요한은 낯선 노인의 모습으로 에베소 교회에 나타났습니다. 그가 교회에 모습을 다시 드러낸 이유는 여러 가지로 이야기할 수 있습니다. 하나는 마리아의 죽음입니다. 이 시점에 예수님의 어머니 마리아는 죽고 없었을 것입니다. 요한은 예수님의 마지막 당부에 관한 책임을 다한 셈입니다. 이제 그는 다시 교회를 위해, 그리고 복음을 위해 사역할 권리를 얻었습니다. 또 하나는 교회와 복음 선교의 위기입니다. 베드로와 바울을 비롯한 사도들, 제자들 그리고 동역자들이 순교하고 사라진 시점에 새로 올라선 로마 황제 도미티아누스는 교회와 그리스도인을 박해하기 시작했습니다. 그 자신과 황제들을 포함한 로마의 신들을 경배하지 않고 도미티아누스 자신에게 '주님이자 하나님'이라는 호칭을 사용하지 않는다는 이유 때문이었습니다. 문제는 박해가 심해지는 상황에 교회를 지킬 지도자의 숫자가 부족해졌다는 것입니다. 그때나 지금이나 교회 지도자직은 인기 있는 자리가 아니었습니다. 지도자 누군가 순교라도 하면 그 자리는 공석이 되어버리기 일쑤였습니다. 요한은 이런 교회의 현실을 두고 볼 수 없었습니다. 그는 노인의 몸으로 다시 교회 지도자가 되었습니다.

그런데 무엇보다 심각한 문제는 그리스도인의 사회적 지위 문제와 교회 내 분열이었습니다. 주후 70년 예루살렘이 멸망한 후 유대인들은 스스로를 지키기 위해서라도 당시 부흥하고 있던 그리스도인들 및 교회와 거리를 두기 시작했습니다. 그들은 자기들이 로마 사회에서 누리던 정치적인 특권 '폴리테우마'politeuma를 그리스도인들과 공유하는 것을 거부하고 그리스도인들을 로마 사회 한복판으로 내몰아 노출되도록 했습니다. 이런 상황은 로마 사람들이 그리스도인들을 관심 있게 보게 했고 그들이 로마가 추구하는 종교와 전혀 어울리지 않는 존재들임을 알도록 만들었습니다. 결국 원치 않게 유대인들과 결별하게 된 그리스도인들은 로마인들 사이에서 소위 '무신론자들'이며 '풍속을 해치는 사람들'로 낙인이 찍혔습니다. 로마의 박해에 가속도가 붙었습니다. 그러는 사이 문제는 교회 안에서도 터졌습니다. 교회 구성원들 사이에 예수님을 신으로 받아들이지 않거나 육체 부활을 부정하는 사람들이 나타난 것입니다. 소위 에비온주의와 니골라당이라고 불리는 사람들, 후에 영지주의를 비롯한 여러 이단으로 발전하게 될 이 사람들은 곧 교회 안에서 분파를 이루어 이단의 가르침을 전파했습니다. 교회로서는 내우외환의 상황이었습니다. 요한은 교회의 이런 현실을 보았습니다. 그리고 주님으로 고백하는 예수 그리스도의 교회를 지키기 위해 세상으로 나왔습니다.

그의 재등장이 로마 제국 전체를 포괄하는 교회 조직의 수장이 되는 것을 의미하는 것은 아니었습니다. 그 시절에 그렇게 하기도 쉽지 않았겠거니와 요한 스스로도 그럴 욕심은 없었습니다. 그는 자신의 사역 근거지가 되는 에베소를 중심으로 주변 여러 교회들(후에 우리가 요한계시록의 일곱 교회라고 부르게 되는 교회들)에서만 사역하고 헌신했습니다. 흥미롭게도 요한이 재등장하고 사역할 당시 에베소에는 디모데와 오네시모가 있었습니다. 디모데는 교회의 수장이었으며 오네시모는 장로 격이었습니다. 증거를 찾을 수 없지만, 요한과 이 사람들은 어떤 경우라도 만나거나 혹은 함께 사역했던 것으로 보입니다. 어쨌든 그가 남긴 복음서와 서신서들을 볼 때 요한의 사역은 네 가지 단계로 추적할 수 있습니다.

01

먼저 요한은 에베소를 중심으로 그만의 공동체를 일구고서 그들에게 그만의 예수 이야기를 기록하고 형제들에게 들려주었습니다. 요한복음의 원전原典 같은 기록입니다. 이때 그는 기존의 사도들이 나누던 예수 이야기 혹은 이미 기록된 복음서들과는 결을 달리하는 예수 이야기를 구성하고 그것을 그의 공동체에게 들려주었습니다. 여러 가지 이유가 있었겠지만 가장 중요한 이유는 시대가 바뀐 것이었습니다. 새로운 세대가 교회를 채우게 되었을 때, 그들에게는 더욱 심오하고 '신선한' 예수님 이야기가 필요했습니다. 그들에게 필요한 이야기는 탈 유대적이며, 이방 세계를 포괄하고, 무엇보다 다가올 시대에 설득력이 있는 것이어야 했습니다. 요한 시대 이전 것들이 불필요해졌음을 의미하는 것이 아닙니다. 다른 차원의 접근이 필요했다는 것입니다. 그래서 요한은 기존 복음서의 예수 이야기보다 신학적 구조가 분명한 예수 이야기, 그러나 바울과 사도들의 서신서보다는 예수 자신의 이야기에 충실한 이야기를 정리해 그것을 공동체와 나누었습니다.

02

요한은 목회 대상으로서 그의 교회와 형제들에게 교회적 삶의 정수를 가르치고 나누었습니다. 요한은 그의 시대에 점점 강력해지는 중대한 이단 사설들을 주목했습니다. 그들은 예수님을 그저 한 인간으로 보거나 혹은 신의 '가현'假現이라고 여기는 경향이 있었습니다. 그들은 예수님 부활을 영적인 부활로 받아들이되 인간 육신의 부활로는 받아들일 수 없다고 주장하기도 했습니다. 요한과 교회 지도자들이 보기에 이것은 중대한 문제였습니다. 먼저 요한은 교회를 하나님 사랑으로 결속했습니다. 교회는 무엇보다 하나님으로부터 흘러넘쳐 예수님에게서 온전히 드러난 사랑에 충만해야 했습니다. 요한은 그것을 제자들에게 가르쳤습니다. 그는 하늘 사랑을 알고 체험해야 예수 그리스도를 온전히 알고 나누고 전할 수 있음을 강조했습니다. 그리고 자기 교회 형제들에게 온갖 이단 사설을 경계하도록 했습니다. 교회 형제들은 '가이오'처럼 대부분 바르고 온전한 신앙 가운데서 있었습니다. 요한은 한편으로 이단을 경계하면서도 그들의 하나 됨을 기뻐했습니다.요삼 1:1-6

03

재등장한 요한에게 시련은 여전했습니다. 그는 오래전 그와 함께했던 동료 사도들과 제자들이 하나같이 순교한 것을 보았습니다. 그역시 순교하기를 간절히 바랐을 것입니다. 그러나 그에게는 그런 기회가 주어지지 않았습니다. 주 되신 예수님께서 그에게 전혀 다른 길을 요청하셨기 때문이었습니다.요 21:22-23 그래서 늙어 오랫동안 교회를 지키는 일을 위해 헌신하게 되었습니다. 그렇다고 그에게 시련이 없었던 것은 아니었습니다. 그는 도미티아누스가 다스리던 시절의 끝자락에 에베소에 있었던 강력한 박해를 넘기지 못했습니다. 그는 노인의 몸으로 체포되었고 한 차례 순교의 위기를 겪었습니다. 그러나 그는 살았습니다. 결국 황제의 명으로 유배형을 받았습니다. 밧모 섬으로의 유배형은 노년의 요한을 세상과 사람들에게 잊혀지게 만드는 형벌이었습니다. 그는 밧모 섬에서 죽을 운명이었습니다. 그런데 예수님께서 사랑하는 그를 그대로 두지 않으셨습니다. 세상으로부터 잊힌 존재 요한에게 세상의 종말을 알려주신 것입니다. 그는 예수님의 명령을 따라 보고, 듣고, 대화한 것을 기록하여 남겼습니다. 그리고 밧모 섬에서 풀려났을 때 그가 기록한 것을 편지 형식으로 다시 정리한 뒤, 소아시아 일곱 교회에 보냈습니다. 요한은 그렇게 그와 교회를 박해하는 세상의 종말과 그것으로 더불어 교회가 품어야 하는 종말의 신앙을 그의 동료들과 나눌 수 있었습니다.

04

이제 요한은 온전히 노인이 되었습니다. 처음 재등장할 때도 연로했지만 그는 이제 더 늙었습니다. 그의 시대도 끝나가는 것입니다. 하나님께서는 그런 요한에게 사도로서 더 귀한 사명을 주셨습니다. 그것은 당대 모든 교회, 나아가 다음 세대 및 우리들 시대 교회들까지도 함께 나눌 수 있는 신앙 이야기를 이루는 것입니다. 요한은 이제 그의 예수님 이야기가 단순히 에베소를 비롯한 소아시아 몇몇 교회만을 위한 이야기일 수 없음을 알았습니다. 예수님 이야기가 더 많은 교회, 박해와 파괴, 멸절의 위기를 경험하는 교회 성도들에게 회자될 수 있도록 했습니다. 그는 하나님과 예수님에 관한 신학적인 입장들이나 그분 사역의 의미, 십자가가 갖는 의미, 성령님의 역할과 의미, 혹은 하나님께서 세우신 교회와 종말의 이야기를 더욱 명료하게 정리하고 그것을 교회들과 나누었습니다. 그의 정리된 가르침은 이후 속사도 시대와 교부들의 시대, 나아가 '공의회 시대'에 큰 귀감이 되었습니다. 특히 그가 정리한 기독론, 즉 예수님에 관한 신학적 입장은 이후 교회가 여러 공의회를 통해 다룬 정통한 신앙 고백을 형성하는데 큰 밑거름이 되었습니다.

'요한의 길'은 밝히기 쉽지 않은 안개와 같습니다. 요한이라는 인물 자체가 그렇습니다. 사람들은 갈릴리와 예루살렘의 요한과 에베소의 요한, 특히 요한복음을 기록한 요한, 요한 서신서를 기록한 요한, 그리고 요한계시록을 기록한 요한이 서로 다른 인물이라고 의심합니다. 요한이 집필한 성경의 책들을 포함한 행적 전체를 볼 때, 그 모든 것을 한 사람이 이룬 것이라고 보기 어려운 것입니다. 그래서 요한에게는 신학자 요한John the Theologian, 장로 요한John the Elder 그리고 복음 전도자 요한John the Evangelist 등의 별칭이 따릅니다. 요한의 사역과 책들은 여러 사람들의 별도 작업이라는 생각입니다. 흥미롭게도 어느 한 사람도 요한의 길 모두를 포괄하지 않습니다. 그렇다고 각각의 별칭을 별도 인물로 떼어 서로 다른 상황에서 요한의 이름으로 활동한 사람들이라고 말하기에 서로 공통 분모가 너무나 분명합니다. 요한을 깊이 연구한 신학자 스말리Stephen S. Smalley는 '요한 신학'을 다루면서 "그 어떤 것도 일치하는 것이 없다 해도 그 어떤 것도 한 사람이 이 모두

에베소 아야솔루크 언덕 자락에는 요한기념교회가 자리하고 있다. 교회내 제단이 위치한 자리에 요한의 묘가 남아 있다. 순례자들은 이곳에 오면 조용히 침묵의 기도를 드린다.

를 이루었다고 말하는 것을 거부하지 않는다"라고 말했습니다. 우리가 '요한의 길'을 일관되게 묵상할 수 있는 한 가지 끈은 결국 이것입니다. 이 모든 일이 한 사람의 일로 보기 어렵다는 의심은 지울 수 없지만 그렇다고 이 모든 일과 저작이 한 사람의 것이라고 보지 않을 이유도 없는 생각입니다. 결국 요한의 길은 밝히기 어려운 안개와 같은 상황을 비추는 작은 등대 몇 개를 의지합니다. 예를 들면 요한을 중심으로 하는 공동체의 활동 같은 것입니다. 요한 연구의 대가인 레이몬드 브라운Raymond E. Brown은 이 문제를 깊이 공부했습니다. 그래서 요한복음과 서신서들 그리고 계시록의 공동체적 정황이 다른 교회들과는 구별되는 요한의 공동체를 적시한다고 말합니다. 요한의 길은 요한이라는 특정 인물이 홀로 걸은 것이 아니라 요한의 이름으로 모인 공동체가 함께 걸은 족적足跡이라는 것입니다. 누구처럼 분파 공동체까지는 말하지 않더라도 이것은 분명 의미 있는 분석과 해석입니다. 요한의 노작勞作을 공동체의 것으로 보는 것은 요한의 길이 갖는 광범위함과 긴 여정을 안정적으로 설명할 도구로 충분한 것 같기도 합니다. 여러 사람의 것이라고 지나치게 분리하여 보는 것이나, 혹은 한 사람의 것이라고 극단으로 몰아붙이는 것보다 나은 방법이 요한 공동체의 공동 저작과 공동 활동이라는 견해입니다. 이 견해에는 상대적으로 안정감이 있어 보입니다. 한 사람이나 여러 사람이 아닌 공동체가 함께 걸은 길이라는 의견은 요한의 길을 한 사람의 것으로 보고 그 의미를 살피고 나눌 수 있는 여지를 갖습니다. 그것이 학문적 분석이 아닌 기도를 위한 목회적 묵상을 위해서 말입니다. 사도 요한이 말하고 기록한 것을 공동체가 확대하고 심화했다고 여기고 요한의 길을 통찰하고 묵상할 기회를 엿보는 것입니다.

다시 요한기념교회의 제단, 요한의 무덤 앞에 섭니다. 그리고 한 가지 확신을 나눕니다. 요한이 걸은 길에 관한 확신입니다. 그에 관한 모든 학문적 논의를 차치하고, 성도와 교회의 묵상으로서 '요한의 길'은 추적하여 따를 만합니다. 요한은 한 인간으로서 경험한 한계와 부족함을 안고 예수님 십자가 길 따르기를 시작했습니다. 예수님과 함께하는 내내 실수를 반복했습니다. 그러나 예수님께서 그를 인정하셨고 그를 받아주셨습니다. 결국에 요한은 예수님께서 십자가의 고비를 넘어서시는 시점에, 그리고 교회가 시작되는 시점에, 한 사람의 부름 받은 제자로서, 그리고 사도로서 자리매김을 시작합니다. 물론, 사도로서 빛을 발한 것은 1세기가 끝날 무렵 교회의 위기 상황에서였습니다. 예수님께서 마치 덕아웃에 있던 구원투수를 내보내시듯 요한을 당대 세계와의 복음 선교 게임 마운드에 불러 세우셨습니다. 그리고 누구도 시도하지 않은 방식으로 그만의 경기를 풀어가도록 하셨습니다. 요한은 평생 1세기 마지막 시점의 등판을 위해 준비된 사도였습니다. 요한은 변화와 성장, 성숙의 길을 꾸준히 걸었습니다. 그는 자기보다 앞선 이들의 공과에 일희일비하지 않고 그의 시대, 그가 등장해야 할 때를 기다렸습니다. 그리고 주어진 때에 그만의 방식으로 멋진 사역을 이루어냈습니다. 덕분에 1세기 교회는 2세기를 바라볼 수 있게 되었고 그다음 공의회와 교리 정립의 시대도 생각할 여지를 갖게 되었습니다. 요한으로 인해 교회는 예수님께서 말씀하신 "더 큰 일"들을 보게 되었습니다.

오늘 우리는 복음과 교회의 위기를 말합니다. 교회 성장은 정체되었고, 교회문을 닫는 소리가 도처에서 들립니다. 믿던 사람들이 교회를 떠나고 신앙을 버리는 것을 슬픔 가운데 지켜봅니다. 사역자와 성도들은 갈 바를 몰라 길을 찾지 못해 방황하다 무신론의 어두운 도시 골목에서 주저앉았습니다. 지금, 무엇을 어찌해야 할지 모를 때 우리는 요한을 읽어야 합니다. 요한은 우리가 지금 겪는 종류의 암울과 내적 혼란이 가득할 때, 복음과 교회를 위한 등불이 되었습니다. 요한이 꿋꿋이 걸은 사역의 길은 우리에게 혜안이 될 것입니다. 그가 가르친 요한복음의 신선한 예수 읽기와 계시록의 세상 읽기는 우리에게 예수의 이름으로 세상을 살아갈 힘이 될 것입니다. 그가 제안하는 서신서의 교회 이야기는 우리 공동체의 안전을 보장해 줄 것입니다. 요한이 말하려 하고 가르치려 했던 예수 그리스도의 은혜와 진리, 영생의 길에 동행할 여지를 조금이라도 갖는다면, 우리는 어제보다 더 큰 오늘, 오늘보다 더 큰 내일을 볼 수 있게 될 것입니다. '요한의 길'을 묵상하는 것은 바로 그 옳은 길, 바른길에 관한 영적 제안입니다. 요한의 길을 통해 용기와 혜안을 얻기를 바랍니다. 무엇보다 진리와 생명 되신 예수님을 따를 굳건한 마음을 회복하기를 바랍니다.

Forty day Meditations for Spiritual Pilgrims

갈릴리의 어린 제자

Forty day Meditations for Spiritual Pilgrims

갈릴리의 어린 제자

어둠에 잠긴 갈릴리

갈릴리Galilee는 이방인들이 오랫동안 거주하던 어둠의 땅이었습니다. 한때는 납달리 지파와 스불론 지파가 살던 하나님 나라 백성의 땅이었으나,수 20:7 북이스라엘의 베가Vega 왕이 다스리던 시절에 앗수르의 왕 디글랏 빌레셀Tiglath Pileser이 갈릴리 호수 위쪽 지방을 유린하면서 이방의 땅이 되었습니다.왕하 15:29 이후 갈릴리는 오랫동안 앗수르 여러 지방으로부터 들어온 이방 민족들, 특히 두르이드 족the druids과 베니게 사람들,the Phoenician 그리고 로마와 그리스 사람들의 땅이 되어버렸습니다. 이방 사람들은 그곳에서 자기들의 신을 섬기며 불의하고 가증한 삶의 방식을 퍼뜨렸습니다. 대표적인 것이 가이사랴 빌립보 도시 상부에 건축된 판 신전the Pan temple이었습니다.마 16:13 판 신은 원래 그리스 신화의 하급 자연신이었는데 동방으로 와서 목축과 풍요의 신이 되었습니다. 판 신은 이후 갈릴리 일대의 지배신이 되었습니다. 그 지역의 오래된 신, 바알Baal을 대체한 셈입니다. 그래서 갈릴리에 와서 로마와 그리스 사람들 그리고 갈릴리 이방 사람들은 옛날 사람들이 바알을 경배하듯 판 신을 경배했습니다. 그들은 요단 강의 주요 수원지 가운데 하나인 바니아스 샘 인근에 판 신전을 세우고서 매해 그 땅의 풍요를 위해 제물을 바치고 축제의 유희를 즐겼습니다. 헤롯의 아들 이투레아Ituraea와 드라고닛Trachomitis의 분봉왕 빌립Philip

은 판 신전이 위치한 곳에 황제의 도시 가이사랴Caesarea Philippi를 세우고 신전 인근을 적극 개발한 뒤 옆에 제우스 신전과 여러 다른 신전을 함께 지었습니다. 보다 많은 순례객을 끌어들이려는 목적이었습니다. 그리고 그들이 가져다 주는 부와 권력으로 자기 권세를 강화할 목적이었습니다. 갈릴리 일대는 결국 이방의 어둠에 온전히 갇혀 버렸습니다. 갈릴리 땅과 그곳에 사는 하나님의 백성들은 한 번 잃어버린 하나님 영광의 빛을 끝내 되찾지 못했습니다. 그들은 그 어둠에서 벗어날 길을 찾지 못했습니다.

갈릴리와 그 땅 사람들에게 기회가 전혀 없었던 것은 아니었습니다. 셀류코스 왕국 안티오쿠스 4세Antiochus Epiphanes IV의 압제에 저항하여 마카비 운동Maccabee movement이 일어나고 하스모니아 왕조the Hasmonian dynasty가 들어서자, 그 땅은 회복할 기회를 얻었습니다. 히르카누스 왕Hircanus I이 한 번, 아리스토불루스 왕Aristobulus I이 한 번, 그리고 알렉산더 얀네우스 왕Alexander Jannaeus이 한 번 정복 전쟁을 벌여 옛날 여호수아 시절, 그리고 다윗과 솔로몬 시절 고토를 되찾았습니다. 왕들은 그때 납달리와 스불론 지파, 그리고 므낫세 반 지파의 땅을 온전히 회복했습니다. 그리고 남쪽 예루살렘 인근에 살던 유대인들을 갈릴리 일대로 이주해 살도록 했습니다. 그때 많은 유대인이 국가의 시책을 따라 살던 유다 지방을 떠나 갈릴리 호수 서쪽과 북쪽 그리고 심지어 동쪽 그리스인들의 주요 거주지까지 들어가 살았습니다. 그들에게는 고토를 회복해 그곳에 하나님의 공의를 세우겠다는 열의가 있었습니다. 그러나 열의는 오래가지 못했습니다. 하스모니아의 왕들은 곧 타락했습니다. 그들은 이전 마카비 혁명 시절의 열의를 잊고 편리대로 그리스 사람들의 생활방식과 종교문화를 끌어왔습니다. 심지어 갈릴리로 이주한 동료 유대인들을 차별하고 무시하

갈릴리 호수 위쪽 헐몬 산 자락에 가이사랴 빌립보가 있다. 도시의 아크로폴리스에는 사람들이 풍요를 기원하던 판 신전이 음침한 하데스 동굴과 함께 자리하고 있다.

며 착취하기까지 했습니다. 갈릴리로 이주해 사는 동료들이 이방의 그늘아래 여전히 힘들어 한다는 것은 철저하게 무시되었습니다. 그들은 갈릴리 일대의 어두운 그늘을 온전히 제거하지 못했습니다. 이후 그 땅은 헤롯과 로마인들의 전유물이 되고 말았습니다. 헤롯과 로마인들은 갈릴리 사람들을 압제했습니다. 갈릴리 사람들은 하스모니아 왕가와 예루살렘의 귀족들에게 무시당하고 헤롯 왕가와 로마인들에게 핍박받으며 살게 되었습니다. 갈릴리는 다시 어두운 그늘 속으로 빠져들었습니다. 잠시나마 희망을 품었던 갈릴리 사람들은 절망과 고통으로 신음했습니다. 그들은 이제 하늘의 구원을 소망하기 시작했습니다.

갈릴리 사람들은 자기들이 어둠 속에 갇혀 있다는 것, 그곳에서 온갖 악과 가증한 것들에 사로잡혀 신음하며 절망 가운데 살고 있다는 것을 하늘이 알아주기를 바랐습니다. 그들은 선지자들이 전하던 소식, 메시아 구원 소식이 이뤄지기를 바랐습니다. 그들은 갈릴리 곳곳에서 다윗의 계보를 이어 우리에게 오실 메시아. 그들을 해방하고 자유하게 하며, 온전한 구원으로 인도할 메시아를 기다렸습니다. 그들은 "흑암에 행하던 백성이 큰 빛을 보고 사망의 그늘진 땅에 거주하던 자에게 빛이 비치도다"_{사 9:2}라고 선포한 이사야 선지자의 유명한 예언을 주야로 묵상하며 자기들 삶의 자리와 중심의 영혼에 하늘 구원의 빛이 비추기를 간절히 바랐습니다. 우리 가운데 어둠이 깃들어 있음을 아는 것, 우리가 들고 있는 등불은 우리를 참 빛으로 인도할 수 없음을 아는 것이 요한의 길의 시작입니다. 갈릴리의 어둔 현실에 서서 진정한 하늘 '빛'을 갈망하는 것이야말로 우리 구원의 시작점입니다.

요한의 길에 서서 드리는 기도
주여, 빛으로 오셔서 우리를 사로잡고 있는 어둠을 제하시고 우리를 구원하소서.

가버나움의 젊은 어부

가버나움Capernaum은 갈릴리 호수 북쪽 해변 중앙의 유대인 포구 도시였습니다. 로마와 헤롯이 다스리던 시절 유대인들은 악기 하프와 같이 생긴 갈릴리 호수의 북편과 그 이면 산지에 주로 몰려 살았습니다. 서쪽 해변에는 또 다른 분봉왕 헤롯 안디바Herod Antipas, 막 14:3, 눅 13:32, 23:7-11와 지배자 로마인들 그리고 헤롯의 주요 신하들이 거주하는 도시 디베랴Tiberias가 있었습니다. 동편에는 데가볼리Decapolis라고 불리는 그리스 사람들의 거주지가 자리하고 있었습니다. 물론 호수 서편과 동편에 유대인들이 살지 않은 것은 아니었습니다. 유대인들 가운데 일부는 여러 이유로 거기 거주하거나 그곳을 왕래했습니다. 그런데 이방 사람들을 멀리하고 그들만의 정결함을 유지하려 하는 대부분의 유대인은 동편과 서편 두 지역을 멀리하며 그들만의 거주 지역, 갈릴리 북편에 살았습니다. 가버나움은 그렇게 형성된 갈릴리 호수의 대표적인 유대인의 도시였습니다. 그곳은 특히 어부들의 집결지였습니다. 갈릴리는 자원이 풍부한 호수였습니다. 특히 물고기가 많아 고대로부터 어업활동이 왕성했습니다. 어획량이 많으니, 어부들은 주식을 위해서만 물고기를 잡지 않았습니다. 잡은 물고기를 가공업자들에게 팔았습니다. 업자들은 물고기를 염장하거나 훈제해서 동쪽 페르시아나 서편 로마 제국 여러 도시에 팔았습니다. 어업활동은 확실히 규모가 있었습니다. 그래서 갈릴리 어부들은 그들끼리 조합guild을 조직했습니다. 그들은 가버나움을 중심지로 해서 주로 호수 북동쪽 벳새다Bethsaida 인근에서 물고기를 잡고, 서편 막달라Magdala에 물고기를 팔았습니다. 결국 동편 벳새다와 막달라는 유대인들이 살아가는 삶의 주요 지경boundary이 되었습니다. 갈릴리 유대인들은 이 두 도시를 경계로 삼아 삶을 이었습니다. 가능한 두 도시를 넘어가지 않았습니다. 넘어서면 자기들을 무시하고 차별하며, 압제하고 학대하는 이들이 사는 땅이었기 때문입니다.

요한John은 그 갈릴리 호수의 유대인 어부였습니다. 그의 형제는 야고보James the Great였으며 아버지는 세베대Zebedee, 어머니는 살로메Salome 였습니다.마 4:21, 27:56, 막 15:40, 행 12:1~2 아버지 세베대는 하릴없는 늙은 어부가 아니었습니다. 그는 배와 사람을 여럿 둔 규모 있는 선단을 이끄는 가장이었습니다.막 1:20 그에게는 여러 동업자도 있었던 것으로 보입니다. 베드로 형제가 그랬습니다. 세베대는 베드로 형제처럼 자기 배를 가지고 갈릴리에서 어업활동을 하는 여러 어부와 같이 조업을 했습니다.눅 5:10, 마 1:18 앞서 말한 어업 조합의 일원들이었던 셈입니다. 세베대는 조합을 이끄는 수장이었습니다. 그리고 요한은 그런 세베대의 막내아들이었습니다. 요한은 아직 스무 살이 되지 않은 젊은 청년이었습니다. 형 야고보와 아버지의 가업을 함께 하면서 주요 활동 무대인 가버나움 일대를 활보했습니다. 베드로 형제가 사는 벳새다에도 가끔 들러 어울렸습니다. 당시 벳새다에는 로마인들이 세운 벳새다 율리아Bethsaida Julia라고 불리는 온천 휴양 도시가 있었습니다. 그는 거기서 데가볼리 그리스 사람들과 지배자 로마 사람들이 휴가를 즐기는 모습, 동료 유대인들이 멸시당하고 핍박받는 모습을 보았습니다. 물론 아버지와 동업자들을 따라 막달라 인근에도 가 보았으니

아르벨 산은 유대인들이 헤롯과 로마에 저항하여 숨어 들었던 곳이며, 동족의 처형 행렬을 숨어 지켜 봐야 했던 아픔이 서려있는 곳이다. 지금은 갈릴리 일대를 가장 잘 보여주는 전망대의 역할을 한다.

다. 거기서 옛날 유대인들이 숨어 헤롯과 로마에게 저항했다는 거대한 산 아르벨Arbel을 보았습니다. 인근 헤롯의 도시 디베랴Tiberias도 보았습니다. 그리고 아버지에게 디베랴와 막달라 사이에 있었다는 십자가 행렬 이야기도 들었습니다. 그 옛날 갈릴리 유대인들이 헤롯과 로마로부터 독립을 위해 저항하다 잡혀 디베랴로 이어지는 길 가득 십자가에 처형되었다는 끔찍한 이야기였습니다. 요한은 하나님의 백성인 유대인이 세상 가운데서 핍박당하고 고난받는 현실이 화가 났습니다. 피가 끓었습니다. 그는 하나님의 백성 유대인으로서 무언가 특별한 일을 해야 한다고 생각했습니다.

예수님 시대 갈릴리 유대인들은 로마와 헤롯 아래 신음하며 살았습니다. 많은 갈릴리 사람들이 부당한 차별과 압제에 저항했습니다. 예수님께서 태어나시기 얼마 전, 유다Judas라는 사람이 반란을 일으켰을 때 수많은 갈릴리 사람이 그에 동조했습니다.행 5:37 이후에도 갈릴리에 '시카리'Sicarii라고 불리는 테러리스트들이 출몰하기도 했습니다. 갈릴리의 많은 젊은이가 그들의 무력 항쟁에 동조해 로마와 헤롯에 맞서 싸웠습니다. 그러나 그들의 폭력적인 방법은 로마와 헤롯을 이기는 일에서 주효하지 못했습니다. 그들은 로마나 헤롯과 싸우는 일보다 서로 경쟁하고 갈등하는 일에 기력을 소모했습니다. 갈릴리 사람들은 자기들에게도 쉽사리 폭력적인 집단들을 무서워했고 경계했습니다. 결국 그들을 따르던 사람들 특히 젊은이들은 새로운 희망을 찾았습니다. 요한 역시 그런 젊은이 가운데 한 사람이었습니다. 그의 희망은 전혀 다른 곳에서 다른 방식으로 이루어져야 했습니다.

요한의 길에 서서 드리는 기도
진리의 빛으로 오시는 이의 길을 밝히 분별하는 우리가 되게 하소서.

세례 요한을 따르다

　　예수님 시대 유다와 갈릴리 사람들은 구원의 하나님을 대망했습니다. 유대인들 가운데 하나님께서 이루실 새로운 나라와 메시아의 도래에 관해 관심을 가진 사람들이 많았습니다. 그들은 하나님께서 오셔서 그들을 압제하는 로마와 이방인들을 몰아내시고 하나님의 새로운 이스라엘을 여시리라 기대했습니다. 그들은 하나님께서 언젠가 '여호와의 날'에 그들에게 해방과 자유를 허락하시고, 구원받은 이스라엘 백성만의 나라를 세우실 것을 확신했습니다. 특히 그들 가운데 몇몇은 독특했습니다. 그들은 유대교의 오랜 중심지 예루살렘과 성전으로부터 거리를 두고 자기들만의 공동체를 이루어 성경을 묵상했습니다. 기본적으로 예루살렘과 성전에서 정치와 종교의 권세를 누리는 제사장이나 사두개인들과는 결을 달리했습니다. 스스로 에세네파the Essenes라고 부르며 성전과 거리를 둔 채 삶의 자리에서 성경을 묵상하고 해석하는 등 자기들만의 경건한 생활을 이어갔습니다. 에세네파 사람들 가운데는 보다 적극적으로 그들만의 공동생활과 성경 묵상을 실천한 사람들도 있었습니다. 이 사람들은 '세속'을 등지고 척박한 광야 한 가운데 그들만의 공동체를 일구었습니다. '의로운 제사장'the Priest of Righteousness이라고 불리는 지도자의 인도 아래 엄격한 규율 가운데 정결한 삶을 추구하며 성경을 묵상하고 성경을 필사하는 일에 매진했습니다. 그들은 광야에서 은거隱居하며 "광야 가운데서 여호와의 길을 예비하라"는 이사야서의 말씀에 충실했습니다.사 40:3 쿰란Qumran이라 불리는 공동체 사람들이었습니다. 그들은 자기들만의 비밀스러운 공간에서 구원의 주로 오시는 하나님을 기대하고 소망했습니다. 매일 아침 은밀한 '미크베'miqveh에서 정결 예식을 치른 상태로 동편을 향해 서서 떠오르는 태양을 바라보며 구원의 메시아가 오는 것을 대망했습니다. 그러나 오실 메시아가 누구일지에 관한 분별의 안목은 없었습니다. 그들의 기다림은 막연하기만 했습니다.

그때 그들 사이에 요한이라는 사람이 있었습니다. 그는 에세네파의 일원으로 나고 메시아를 대망하는 신앙 전통 가운데 성장했습니다. 그는 메시아 하나님께서 오실 때를 열렬히 소망했습니다. 그리고 유다 광야 쿰란 공동체의 일원이 되었습니다. 그런데 요한이 보기에 쿰란 공동체는 신실하기는 했으나 막연했습니다. 메시아 도래에 관한 소망으로 가득했으나 그들에게 미래가 보이지 않았습니다. 무엇보다 쿰란 사람들은 메시아를 대망하는 자기들만의 공동체와 다른 유대인을 구별했습니다. 요한이 보기에 그것은 옳지 않았습니다. 하나님께서 당신의 의지와 사랑으로 보내시는 메시아는 모두의 구원자여야 했습니다. 요한은 무엇보다 그와 사람들이 기다리는 메시아를 실체적 존재로 갈망했습니다. 메시아는 추상적이고 관념적인 미래의 어렴풋한 존재일 수 없었습니다. 그가 기다리는 메시아가 구체적인 실체로 그와 사람들 그리고 세상에 모습을 드러내리라 확신했습니다. 요한은 결국 에세네파 사람들의 비밀스러운 쿰란 공동체를 떠났습니다. 그리고 인근 요단 강 근처 광야에 새로 자리를 잡았습니다. 요한에게 메시아의 길은 확실했습니다. 그분은 요단 강을 건너 하나님 약속의 땅으로 들어오실 것이고 그렇게 새로운 이스라엘을 세우실 것이

사해사본이 발견되어 유명한 쿰란에는 에세네파 사람들이 정결 예식을 치르기 위해 몸을 씻었던 미크베 터가 남아있다. 이들은 이곳에서 몸을 씻어 정결 예식을 치루고 성경을 필사하며 세상과 분리되어 거룩한 공동체를 이뤄갔다.

었습니다. 요한은 요단 강 동편으로 가 거기서 적극적으로 오실 메시아를 기다렸습니다. 그곳에서 자기를 찾아오는 사람들에게 메시아의 길을 예비하는 차원으로 회개의 세례를 베풀었습니다. 사람들은 그의 가르침과 인도를 따라 요단 강에 몸을 담그고 건너 하나님의 새로운 약속의 땅, 새로운 이스라엘을 향해 나아갔습니다. 그는 이렇게 외쳤습니다. "나는 물로 너희에게 세례를 베풀거니와 나보다 능력이 많으신 이가 오시나니 나는 그의 신발끈을 풀기도 감당하지 못하겠노라 그는 성령과 불로 너희에게 세례를 베푸실 것이요 손에 키를 들고 자기의 타작 마당을 정하게 하사 알곡은 모아 곳간에 들이고 쭉정이는 꺼지지 않는 불에 태우시리라."눅 3:16-17

갈릴리의 어부 요한도 '세례자 요한'의 이야기를 들었습니다. 그는 함께 어부 일을 하던 안드레와 같이 세례자 요한의 제자가 되었습니다.요 1:35-42 요한은 세례자 요한에게 구원의 길, 해방의 길, 그리고 자유의 길이 있으리라 믿었습니다. 그런데 세례자 요한은 자신을 그리스도라 말하지 않았습니다. 그는 자신이 그리스도요 메시아인지 묻는 사람들에게 이렇게 말했습니다. "나는 그리스도가 아니라."요 1:20 그리고 자신을 기다리며 "길을 예비하는 사람"이라고 말했습니다.요 1:23 그는 그렇게 사람들에게 메시아가 오실 것을 전하면서 요단 강 물로 세례 베풀기만 했습니다.막 1:1-5 요한과 안드레는 자기들의 스승 세례자 요한과 함께하는 가운데 메시아를 향한 바른 마음, 분별하는 눈을 품게 되었습니다. 그들은 세례자 요한과 함께 광야에 서서 오실 메시아를 기다렸습니다. 신앙에서 기다림은 중요합니다. 그런데 더 중요한 것이 있습니다. 신실한 이와 더불어 기다림의 연대를 이루는 것입니다.

요한의 길에 서서 드리는 기도
우리가 광야와 들판에 서서 구원하실 메시아를 기다립니다. 주여 어서 오시옵소서.

요단 강에서 부름 받다

 예수님 시대 유대인들의 메시아 기대에는 분명한 그림이 있었습니다. 그들은 메시아 오심이 이스라엘 왕의 새로운 도래라고 확신했습니다. 메시아는 그래서 다윗의 계보에서 나타나야 했습니다. 메시아 출현은 다윗의 옛 도시 베들레헴에서 극적으로 이루어질 것이었습니다. 무엇보다 왕으로서 메시아의 도래는 새로운 이스라엘이 열리고 새로운 나라가 일어서는 것을 의미했습니다. 예수님 당대 사람들은 이 분명한 그림을 선지자들의 예언에서 찾아냈습니다. 그리고 선지자들의 말씀을 묵상하며 메시아가 도래할 그날을 소망했습니다. 선지자 이사야는 이렇게 예언했습니다. "다윗의 장막에 인자함으로 왕위가 굳게 설 것이요 그 위에 앉을 자는 충실함으로 판결하며 정의를 구하며 공의를 신속히 행하리라."^{사 16:5} 예레미야 선지자도 하나님의 뜻을 당대 이스라엘 백성과 세상에 이렇게 전했습니다. "그 날 그 때에 내가 다윗에게서 한 공의로운 가지가 나게 하리니 그가 이 땅에 정의와 공의를 실행할 것이라."^{렘 33:15} 에스겔 역시 비슷한 예언을 했습니다. 그는 바벨론에 포로되어 고통당하는 동료들에게 선포했습니다. "내가 내 종 야곱에게 준 땅 곧 그의 조상들이 거주하던 땅에 그들이 거주하되 그들과 그들의 자자 손손이 영원히 거기에 거주할 것이요 내 종 다윗이 영원히 그들의 왕이 되리라."^{겔 37:25} 놀랍게도 이스라엘 선지자들의 예언은 다윗과 그의 가문이 다시 일어서서 새로운 나라를 이루리라는 것을 선포합니다. 그들의 새로운 나라는 다윗의 옛 도시 베들레헴에서 시작되며미 5:7, 나귀를 타고 겸손한 모습으로 예루살렘으로 들어오던 다윗과 같이 그들 앞에 나타날 것이었습니다.슥 2:9 그들의 메시아 왕은 오래전 출애굽 시절처럼, 그리고 바벨론 귀환의 때처럼 그들 백성을 광야로부터 요단 강을 건너 예루살렘과 시온으로 행진하게 할 것입니다.사 40:3

흥미로운 것은 세례자 요한의 분별이었습니다. 그는 한편 동료 유대인들이 구약성경에 근거해 소망하는 그 길 위에 굳건하게 섰습니다. 그가 메시아를 기다리는 길목은 분명 구약성경이 전하여 가르치는 것 그대로였습니다. 그가 선 곳은 출애굽의 마지막 여정이 진행된 곳이고, 바벨론 포로 귀환이 실제로 이루어지던 길이었으며, 무엇보다 선지자들의 예언이 적시에 실현될 자리, 광야를 지나 예루살렘으로 향하는 자리였습니다. 그런데 그의 안목은 동료 유대인들의 것과는 사뭇 달랐습니다. 그는 모든 유대인들이 메시아를 대망하는 자리에 서 있으면서 동시에 당대 메시아를 대망하는 동료들을 새로운 안목으로 이끄는 자리에 서 있기도 했습니다. 바로 예수 그리스도를 분별하는 자리, 그분이 이루실 새로운 이스라엘의 위상을 알아보는 자리였습니다. 요한은 요단 강가에 서서 장차 오실 이의 정체를 이렇게 밝혔습니다. "나는 물로 세례를 베풀거니와 너희 가운데 너희가 알지 못하는 한 사람이 섰으니 곧 내 뒤에 오시는 그이라 나는 그의 신발 끈을 풀기도 감당하지 못하겠노라."요 1:26-27 요한은 자기 앞에 나타난 메시아를 알아보았습니다. 그리고 그가 자기보다 크다는 것을 인정했습니다. 요한은 자기가 하는 일은 그가 하는 일에 비해 턱없이 미약하다는 것을 알아차렸습니다. 그뿐이 아니었습니다. 요한은 그 앞

세례 요한은 요단강 동편 베다니에서 사역했다. 이곳은 모세가 마지막 설교를 한 곳이고 엘리야가 승천한 곳이며, 여호수아의 인도로 이스라엘 자손이 요단 강을 건넌 곳이다. 세례 요한은 여기서 사람들에게 요단 강물로 세례를 베풀며 하나님 나라가 가까웠음을 선포했다.

에 나타난 사람에게서 '하나님의 어린 양'의 모습을 보았습니다. 그는 자기 앞에 나타난 사람에게서 이사야가 예언했으나 당대 사람들은 외면하고 싶어 했던 하나님의 고난 받는 종의 모습을 보았습니다.사 53:1~6 요한이 본 메시아의 실체는 그것뿐이 아니었습니다. 세례자 요한은 자기 앞에 나타난 메시아 되시는 분이 자기보다 먼저 된 존재, 즉 세상 모든 만물보다 선재先在, He existed before me하시는 분임을 알았습니다.요 1:30 요한은 자기 앞에 나타난 갈릴리의 청년, 예수님을 보았고 그 분을 오실 메시아로 분별했습니다. 요한의 각별한 마음과 눈은 메시아를 알아보았습니다.

젊은 요한은 스승 세례 요한이 가리키는 대로 그리고 설명하는 대로 한 사람을 주목했습니다. 스승 요한은 제자들에게 자신이 그 사람에게 세례를 베풀 때 "성령이 비둘기같이 하늘로부터 내려와서 그의 위에 머물렀다"라고 말했습니다. 그가 본 것은 갈릴리 나사렛의 예수님이었습니다. 그는 이렇게 말했습니다. "(하늘이) 그가 하나님의 아들이심을 증언하였노라."요 1:31-43 세례 요한은 자기가 아닌 예수 그리스도를 가리키며 그가 하나님의 어린 양, 하나님의 구원을 이루실 메시아임을 전했습니다. 그리고 자기 제자들이 예수님 따르는 것을 허락했습니다. 젊은 요한은 선뜻 세례 요한이 가리키는 갈릴리 사람 예수를 따랐습니다. 그렇게 예수님의 제자가 되었습니다.요 1:37 예수님께서는 요한과 안드레에게 "무엇을 구하느냐" 물으시고 곧 "와서 보라" 말씀하시며 당신이 계신 곳과 당신이 가는 길을 보이셨습니다. 그들은 세례자 요한의 각별한 분별의 안목 가운데 메시아 되신 예수님의 제자가 되었습니다.

요한의 길에 서서 드리는 기도

우리가 메시아 되신 예수님을 온전히 분별하도록 지혜의 눈을 허락하소서.

더 큰 것을 보리라

오래전부터 이스라엘 백성의 마음에는 샬롬shalom, 즉 하나님의 평강을 바라는 마음이 가득했습니다. 그들에게는 누구나 무화과나무 아래 그리고 포도나무 아래 누리는 샬롬, 즉 평안에 관한 소망이 있었습니다. 이것은 한 편의 그림입니다. 사람들이 전쟁과 기근과 역병을 두려워하지 않고 자기 집 정원 무화과나무 아래 앉아 쉬고, 자기가 가꾼 농장 포도나무 아래 편안하게 지내면서 서로의 안부를 묻고 사는 모습입니다. 그래서 미가 선지자는 이렇게 말했습니다. "각 사람이 자기 포도나무 아래와 자기 무화과나무 아래에 앉을 것이라 그들을 두렵게 할 자가 없으리니 이는 만군의 여호와의 입이 이같이 말씀하셨음이라."미 4:4 스가랴 선지자도 이렇게 노래했습니다. "그 날에 너희가 각각 포도나무와 무화과나무 아래로 서로 초대하리라."슥 3:10 그런데 이렇게 온 백성이 어떤 두려움과 공포 없이 평안하게 지내는 그림은 하나의 이상향이 아니었습니다. 이스라엘 역사에서 이런 멋진 그림이 현실에서 성취된 적이 있었습니다. 오래전 솔로몬 왕이 하나님께서 허락하신 지혜로 나라를 다스리던 시절 하나님께서 약속으로 주신 땅, 온 이스라엘 백성은 각자의 자리에서 무한의 평안을 누렸습니다. 솔로몬이 다스리던 평화의 시절에 관해 성경은 이렇게 말합니다. "솔로몬이 사는 동안에 유다와 이스라엘이 단에서부터 브엘

세바에 이르기까지 각기 포도나무 아래와 무화과나무 아래에서 평안히 살았더라."^{왕상 4:25} 그때 솔로몬이 가져온 평안은 하나님께서 다윗의 가문을 통해 이루신 것이었습니다. 하나님께서는 누구보다 다윗을 사랑하셔서 그와 그 가문의 통치 가운데 하나님의 평안을 이루실 것을 약속하셨습니다. 그래서, 역사와 세월 속에서 온갖 풍파를 겪은 유대인들은 그때 다윗과 솔로몬 시절을 기억했습니다. 그들은 특별히 하나님의 말씀을 묵상하는 가운데 그 시절을 회고하고 그 시절이 다시 부흥할 것을 기대했습니다. 그들은 스스로 무화과나무 아래 앉아 있으면서 하나님의 샬롬이 온전히 실현될 것을 기대했습니다.

예수님 시대 갈릴리에도 그런 사람들이 있었습니다. 그들은 스스로 한 편의 그림을 그렸습니다. 그들은 각자 삶의 자리에서 "무화과나무 아래 그리고 포도나무 아래" 앉아 성경을 읽고 기도했습니다. 그렇게 그들은 하늘로부터 임할 평안을 기대하며 그 소망이 성취되기를 간절히 바랐습니다. 예수님께서는 사시던 마을 나사렛으로부터 갈릴리 호수의 여러 마을과 도시들을 왕래하시면서 이런 신실한 사람들을 여럿 보셨습니다. 그 가운데 한 사람이 바로 나다나엘이었습니다. 그는 가나라는 마을에 사는 사람이었습니다. 그는 혼란스러운 갈릴리, 온갖 불의와 압제와 고통이 가시나무와 엉겅퀴처럼 조이고 찌르는 삶의 현실 한 가운데서 의연하게 무화과나무 아래 기도할 자리, 말씀을 읽을 자리를 찾았습니다. 예수님께서는 어느 날 가나를 지나시다 아마도 분요한 갈릴리의 삶에서 메시아를 기다리며 하나님의 샬롬을 희구하던 나다나엘을 보셨습니다.^{요 1:48} 그리고 훗날 제자 빌립이 자기 친구인 나다나엘을 데려왔을 때 옛적 그 모습을 떠올리셨습니다. 예수님께서는 나다나엘을 보며 이렇게 말씀하셨습니다. "보라 이는 참으로 이스라엘 사람이라 그 속에 간사한 것이 없도다."^요

무화과는 성경의 땅을 순례하며 자주 만나는 나무 가운데 하나이다. 나무가 열매를 맺는 시절이 되면 과실이 무르익기도 전에 단내가 진동한다. 4,5월의 운 좋은 순례자들은 갈릴리의 맛난 무화과를 맛볼 수 있다.

1:47 자기가 마음으로 품고 있는 것을 알아보신 예수님을 만났을 때 나다나엘은 놀랐습니다. 그래서 그는 예수님께 이렇게 자기 고백을 드렸습니다. "랍비여 당신은 하나님의 아들이시요 당신은 이스라엘의 임금이로소이다." 요 1:49 나다나엘은 그때 자기를 알아봐 준 예수님에

게 '예수님이야말로 이스라엘의 샬롬을 가져다 줄 참된 왕'이라고 고백했습니다. 그 자리에 있던 다른 제자들 모두 동일한 고백을 드렸습니다. 그들은 자기들 앞에 선생으로 당당하게 선 예수님이야말로 그들이 기다리고 기다리던 하늘 하나님께서 보내신 메시아임을 확신했습니다. 젊은 요한 역시 그랬습니다. 그와 동향인 여러 동지가 이구동성으로 고백하는 한마디, 예수님이야말로 하나님의 아들이라는 고백이 자기가 드릴 고백이라고 생각했습니다.

그런데 예수님께서 뜻밖의 이야기를 전하셨습니다. "내가 너를 무화과나무 아래에서 보았다 하므로 믿느냐 이보다 더 큰 일을 보리라." 요 1:50 예수님에게는 요한과 나다나엘을 비롯한 갈릴리 제자들이 생각하고 기대한 것보다 더 큰 계획이 있으셨습니다. 예수님께서 이렇게 말씀을 이으셨습니다. "하늘이 열리고 하나님의 사자들이 인자 위에 오르락 내리락 하는 것을 보리라." 요 1:51 스스로 천상의 존재이며 천상과 세상 사이 진리와 영생의 대화, 구원의 커뮤니케이션을 이루실 분이심을 선언하셨습니다. 이제 그것을 제자들, 그리고 세상에 보이실 참입니다. 예수님은 확실히 요한을 비롯한 제자들이 생각했던 것, 기대했던 것 이상의 존재였습니다. 예수님께서는 유대인들의 꿈과 희망, 그들의 샬롬에 대한 기대를 훨씬 넘어서는 하늘의 비전을 실현하기 위해 이 땅에 오신 하나님의 아들 그리스도이셨습니다. 이제 제자들은 그들이 기대한 것보다 "더 큰 일을 보게 될" 것입니다.

요한의 길에 서서 드리는 기도
우리의 소망을 넘어서 더 큰 비전을 우리에게 보이실 주님을 믿고 따르겠습니다.

세배대의 아들들

갈릴리는 물산이 풍부했습니다. 예루살렘의 입장에서는 변방이며 이방의 땅이고 우매한 자들의 소굴이었을지 몰라도 세상의 눈에 먹고 입고 누릴 것이 많은 곳이었습니다. 땅은 비옥했습니다. 오래전 화산 활동으로 흙에 무기 염류가 많아 농작물이 잘 자랐습니다. 여느 나라의 수량에 비교할 수는 없겠지만 그래도 갈릴리는 비도 적당했고 지하수도 넉넉했습니다. 상류로부터 갈릴리 호수로 흘러들어오는 상부 요단 강의 물이 풍성해 지표수나 지하수 모두를 적당하게 채워주었기 때문입니다. 결국 갈릴리 호수는 더할 나위 없이 풍요했습니다. 호수 인근 여기저기에 산재한 뜨거운 온천수가 북쪽 헬몬 산으로부터 눈이 녹아 흘러 내려오는 차가운 물과 만나 일종의 기수지역을 형성했습니다. 물고기들이 번성하기에 좋은 조건이었습니다. 덕분에 호수는 사시사철 풍족한 어획량을 유지해 주었습니다. 그뿐이 아닙니다. 갈릴리 일대는 고대로부터 유명한 '해안길'via Maris이 지나갔고 인근에는 다메섹으로부터 남쪽 아라비아로 이어지는 대상들의 '왕의 대로'King's Highway도 있었습니다. 갈릴리는 두 길을 연결하는 통로였습니다. 그래서 여러 나라 많은 상인이 갈릴리를 거쳐 동에서 서로, 서에서 동으로 분주히 오갔습니다. 갈릴리는 일종의 국제시장과 같은 곳이었습니다. 덕분에 갈릴리 사람들은 부지런하기만 하면 생계를 꾸려갈 수 있었습니다. 특히 어업에 관련된 사람들이 그랬습니다. 벳새다와 가버나움 그리고 게네사렛Genesareth 등에서는 선단을 이루어 물고기를 잡는 사람들이 있었습니다. 막달라에는 그것을 상품으로 만드는 사람들이 있었습니다. 오가는 상인에게 상품화된 물고기를 판매하는 사람들도 있었습니다. 그들은 여러 나라 언어를 쓸 줄 알았고 국제 거래를 알았습니다. 그래서 갈릴리의 물고기는 유대인과 헬라인, 로마인과 이방인을 가리지 않고 팔려 나갔습니다. 예루살렘과 헤롯, 그리고 로마인들의 차별과 압제는 있었지만 그래도 갈릴리 사람들은 살만했습니다. 갈릴리는 노력하는 사람에게 안주할 만한 길을 열어 주었습니다.

요한에게 풍요로운 갈릴리의 길과 가시밭 예수의 길 사이 갈등이 있었습니다. 요한은 아버지의 고기 잡는 일을 도우며 안정된 삶을 누리기도 했지만, 다른 한편으로 갈릴리 젊은이의 피 끓는 열정을 쏟아낼 길을 찾기도 했습니다. 그는 당대의 갈릴리 젊은이들이 거의 그랬던 것처럼 갈릴리의 여러 정치 종교 상황에 휩쓸렸습니다. 그러나 그는 세례 요한을 찾았고, 그리고 결국에 예수님을 만났습니다. 그는 예수님이야말로 하나님의 아들임을 알게 되었습니다. 이후 요한과 안드레는 예수님과 함께 갈릴리로 돌아왔습니다. 안드레는 형 베드로에게 가서 "우리가 메시아를 만났다"라고 전했습니다.요 1:41 그리고 형을 예수님께 인도했습니다. 예수님께서는 안드레의 형을 '게바', 즉 베드로Peter, 반석로 부르셨습니다. 그리고 얼마 지나지 않아 베드로와 안드레를 물고기 잡는 어부가 아닌 사람 낚는 어부가 되도록 인도하셨습니다.마 4:18-20 요한에게도 부르심의 시간이 있었습니다. 그때 요한은 예수님의 제자로 온전히 서지 못했었습니다. 그는 예수님과 그리고 안드레와 더불어 요단 강에서 돌아와 있었습니다. 그는 예수님

요한에게 갈릴리 바다는 치열한 생업 전선의 데뷔 무대같은 곳이었다. 갈릴리의 많은 사람들은 갈릴리 바다가 주는 물산에 의지하여 살았다. 요한은 이미 갈릴리 바다 생업에 숙련된 베드로, 안드레, 야고보의 틈에서 이제 막 어부의 고된 삶을 시작하는 작고 어린 사람이었다.

께서 다른 사람들을 제자로 불러 동행하고 계심을 알았습니다. 그때 요한은 아버지와 형이 있는 어부의 삶으로 돌아와 있었습니다. 예수님의 제자보다는 세베대의 아들로 돌아온 것입니다. 사실 이런 일은 빈번했습니다. 훗날의 이야기지만 예수님의 제자 베드로를 비롯한 여러 제자들은 예수님께서 십자가에 돌아가시고 부활하신 후 그들의 본래 일로 돌아가 있었습니다.요 21:1-3 요한이 지금 그렇습니다. 그는 세례 요한과 특히 예수님을 통해 본 놀라운 일들을 뒤로 한 채 다시 어부로, 세베대의 아들 자리로 돌아가 있었습니다. 그의 마음에 뚜렷한 확신이 없었을지 모릅니다. 그러나 예수님께서는 요한을 그대로 두지 않으셨습니다. 예수님께서 요한과 그 형 야고보에게 가서 두 사람을 제자로 부르셨습니다. 그때 세베대의 두 아들은 "배와 아버지를 버려두고" 예수님을 따랐습니다.마 4:22

요한에게 갈릴리의 유명한 선주요, 선단의 대장이며, 어업계의 큰 손인 세베대라는 아버지가 있었습니다. 그는 한편으로 갈릴리에 사는 유대인으로서 세상을 뒤집을 길을 찾아야 한다는 열정이 가득했습니다. 그러나 다른 한편으로 아버지의 가업을 이어 평안한 삶을 사는 것도 나쁘지 않으리라 생각하기도 했습니다. 그 갈등은 예수님을 만난 이후에도 이어졌습니다. 그런데, 요한은 저 유명한 부자 청년과 같은 모호한 고민에 빠져들지 않았습니다. 예수님께서는 요한만큼이나 그 청년에게도 사랑하는 마음을 쏟으셨습니다.마 10:21 그리고 청년에게 말씀하셨습니다. "네가 온전하고자 할진대 가서 네 소유를 팔아 가난한 자들에게 주라 그리하면 하늘에서 보화가 네게 있으리라 그리고 와서 나를 따르라."마 19:21 그러나 그 청년은 결국 예수님을 따르는 제자의 길로 나서지 않았습니다. 요한은 달랐습니다. 그는 결국 예수님을 따르는 제자의 길을 선택했습니다. 그 자신의 '요한의 길'을 시작한 것입니다.

요한의 길에 서서 드리는 기도

당신의 부르심을 듣고 선택의 자리에 섰습니다. 이제 주를 따르게 하소서.

사마리아의 보아너게

예수님께서 제자로 부르신 사람들은 각양각색 다양했습니다. 베드로와 안드레, 야고보와 요한은 기본적으로 갈릴리의 어부였습니다. 그들은 서로 동업하던 사람들이었습니다. 빌립은 베드로 형제와 고향이 같았습니다. 그들은 모두 '어부의 마을'이라 불리는 벳새다 출신이었습니다. 빌립은 자기 친구인 가나 출신 나다나엘Nathanael, 즉 바돌로매Bartholomew를 예수님께 소개했고 그 역시 예수님의 제자가 되었습니다. 바돌로매는 선비 같아서 가버나움에서 어부 일을 하던 이들과 결이 조금 다른 사람이었습니다. 레위라고도 불리는 마태Matthew는 가버나움의 유명한 세리였습니다.눅 5:27 그는 불의한 세금을 거두면서 죄인들과 함께 어울리던 사람이었습니다. 가나나인 시몬Simon은 이런 마태와 완전히 길이 다른 사람이었습니다. 그는 본래 갈릴리에서 폭력적인 방법으로 로마와 헤롯에게 저항하던 사람이었습니다. 일각에서는 가룟 사람 유다Judas Iscariot도 동종의 사람이라고 말하기도 합니다. 흥미롭게도 이들 가운데 안드레와 빌립 같은 경우는 히브리식이 아닌 헬라식의 이름을 가지고 있었습니다. 그래서 사람들은 이 두 사람이 데가볼리 그리스 사람들과 모종의 사업적 관계를 맺고 있었던 것이 아닌가 생각하기도 합니다. 실제로 헬라 사람들 가운데 '하나님을 경외하는 사람' 몇은 예루살렘에서 이 두 사람을 통해 예수님께 접촉

예수님께서는 다양한 제자들을 부르셨는데, 한 번은 그들을 가버나움 마태의 집에 초대하시고 죄인들과 창녀와 세리들과 천국의 잔치를 베푸셨다. 사진은 갈릴리 가버나움 유적이다.

을 시도하기도 합니다.요 12:0-22 예수님의 제자들은 대부분 갈릴리 출신이었지만 제각각이었습니다. 그들은 예수님께서 사역하시던 내내 자기 본색을 감추지 않았습니다. 각자 자기 자리에서 바라보는 예수님을 생각하며 예수님의 제자로 그 길을 따랐습니다. 예수님의 입장에서는 곤란한 상황이 많았을 것입니다. 대표적인 것이 마태의 집에서 세리와 창녀들과 식사를 나눌 때였습니다.마 9:10 비록 예수님께서 바리새인과 상대하시는 모습을 담느라 다른 제자들의 반응이 어땠을지 알 길이 없지만, 죄인 마태의 집에서 나누는 식사에 대해 제자들이 어떤 반응을 보였을지 궁금한 대목입니다.

제각각 제자들의 모습 가운데 가장 흥미로운 것은 세베대의 아들들이었습니다. 마가는 베드로의 이야기를 들어 자기 복음서를 기록하면서 흥미로운 대목을 실어두었습니다. 예수님께서 열두 제자들을 세우셨을 때, 거기에 세베대의 아들들이 이름을 올렸는데, 예수님께서 그들을 '보아너게'boanerges라고 부르셨다는 것입니다. 마가는 그 부분을 이렇게 썼습니다. "또 세베대의 아들 야고보와 야고보의 형제 요한이니 이 둘에게는 보아너게 곧 우레의 아들이란 이름을 더하셨으며..."마 3:17 이 부분은 예수님의 장난기가 다분히 보이는 대목입니다. 예수님께서는 우선 시몬이라 불리던 제자에게 '베드로'라는 이름을 더하셨습니다.마 3:16 '반석'이라는 우직하다는 뜻도 되겠지만 (그래서 지금껏 교회는 그 이름을 교회의 기초로 생각하지만) 다른 면에서 그 이름은 '돌처럼 바보스럽다'라는 의미도 풍깁니다. 오늘 성경을 읽는 우리조차 베드로에게 이중적 의미가 깔려 있음을 생각하게 됩니다. 같은 맥락에서 세베대의 아들들, 즉 야고보와 요한에게는 보아너게라는 이름을 주셨습니다. 성경이 이미 밝히는 바처럼 '우레의 아들들'Sons of Thunder이라는 뜻은 '열정의 친구들'이라는 뜻도 되겠지만, 아무래도 '성질머리 급하고 고약한 아이들'이라는 뜻도 되었을 것입니다. 그들은 갈릴리에서 세베대의 아들들로 유명했던 모양입니다. 그들은 함부로 생각하고 함부로 말하며 함부로 행동하던 치기 어린 청년들이었습니다. 실제로 이들은 자기 성질을 앞세우는 일을 벌였습니다. 예수님께서 사마리아를 지나가실 때 그곳 사람들이 예수님을 받아들이지 않지 이 두 '우레의 아들들'이 나서서 그들을 혼내주겠다고 외친 것입니다.눅 9:52-54 그들은 섣부르게 나섰습니다. 그들이 세베대의 아들들일 때 갈릴리에서 보인 '있는 집 자식들의 버릇없는 행동'을 앞세운 것입니다. 그들은 예수님을 생각하지 않고 천둥벌거숭이 같은 행동으로 그들의 성미를 앞세웠습니다. 예수님께서는 결국 '우레의 아들들'의 섣부른 행동을 꾸짖으셨습니다.눅 9:54

　예수님의 십자가를 향한 길에서 제자들은 제각각 자기 본성과 본색만 앞세우는 장애물들이었습니다. 베드로가 그랬습니다. 그는 예수님께서 자기에 대해 알고 있느냐 질문했을 때 자신 있게 "주는 그리스도시오 살아계신 하나님의 아들"이라고 고백했습니다. 그러나 얼마 지나지 않아 그는 예수님의 메시아로서의 길, 하나님 아들로서의 길을 가로막는 '사탄'이 되어버렸습니다.마 16:15-25 베드로의 이런 성마른 행동은 후에도 이어졌습니다. 그는 겟세마네에서, 그리고 가야바의 집에서도 자기 본성에 충실한 사람이었습니다. 우리가 아는 바처럼 그는 우직하지만, 둔탁한 행동으로 유명했습니다. 세베대의 아들들, 야고보와 요한도 못지않았습니다. 그들은 예수님을 따르는 내내 자기들의 본성을 감추지 않았습니다. 그들은 예수님을 따르면서도 예수님의 가르침을 따르기보다는 자기들 본성을 따르는 일에 충실했던 사람들이었습니다. 그들은 예수님의 제자의 길보다 자기들 본성에 충실한 '보아너게'의 길에 열심이었습니다.

요한의 길에 서서 드리는 기도

나의 본성에 충실한 길보다 예수님을 따르는 제자의 길로 온전히 나아가게 하소서.

예루살렘 영광의 자리

예수님 시대 사람들이 생각하는 메시아의 길은 여러 갈래로 흩어져 있었습니다. 누군가는 로마와 당대 권력자들과 사이에 타협하는 메시아의 길을 이야기했습니다. 그리고 그 길은 유대인들 사이 많은 동조자를 얻었습니다. 그들은 힘이 있는 사람들과 공존 속에 메시아 왕이 도래할 길이 보인다고 말하고는 했습니다. 그들은 실제로 예루살렘의 중요한 자리들, 특히 성전 권력기구 산헤드린Sanhedrin의 중요한 자리들을 독차지했습니다. 이 같은 사람들이 예루살렘의 중심 자리를 차지하다 보니 그들 정치적인 야합과는 정반대의 자리에 서서 메시아의 길을 이야기하는 사람들도 있었습니다. 그들은 가급적 예루살렘과 그리고 예루살렘의 헤롯 성전과 떨어진 채로 그들만의 공동체를 일구고서 그들에게만 비밀스럽게 오실 메시아를 기대했습니다. 그들은 유대 광야에 거룩한 야하드 공동체Yahad Community, 쿰란 공동체를 만들어 자기들만의 신비한 생활을 추구하기도 했습니다. 또 어떤 이들은 성경을 깊이 묵상하는 자리로부터 메시아의 길이 열리게 된다고 생각하기도 했습니다. 그들은 예루살렘과 인근 여러 유대인 마을에 회당을 차리고서 거기 모여 성경을 읽고 묵상하고 해석하는 가운데 그들만의 성경 읽기를 만들었습니다. 그리고 성경의 원리와 내용 및 그들 해석에 충실한 삶을 만들고 사람들에게 그 길을 가르쳤습니다. 그들의 지나친 원리주의 가르침은 훌륭하기도 했거니와 멀리 갈릴리나 이방 땅에 사는 사람들에게 해악이기도 했습니다. 당대 세상의 압제에 지친 이들에게 그들의 원칙 중심의 가르침은 먼 나라 이야기처럼 여겨졌습니다. 그러나 그들 가운데 일부는 원리주의에 충실해 성경이 말하는 이상을 실현하기 위하여 극단적인 행동을 서슴지 않기도 했습니다. 갈릴리에 출몰하는 테러리스트들은 대체로 이런 원리주의에 충실한 사람들이었습니다. 예수님 시대 사람들 대부분은 이 모든 주장과 가르침들 사이에서 혼란스러워하고 방황했습니다. 그들은 참된 메시아의 길을 알지 못했습니다.

예수님께서 십자가 고난을 향해 나아가시던 어느 날 세베대의 아들들과 그 어머니 살로메가 예수님께 다가왔습니다. 그리고 예수님께서 이렇게 부탁했습니다. "나의 이 두 아들을 주의 나라에서 하나는 주의 우편에, 하나는 주의 좌편에 앉게 명하소서."마 20:21 살로메와 세베대의 두 아들은 예수님께서 예루살렘으로 가시는 것을 보고서 드디어 다윗의 왕권을 탈환하러 올라가신다고 여겼습니다. 그래서 급하게 다른 제자들보다 앞서서 자기들이 취할 자리를 예수님께 청하고 있는 것입니다. 예수님께서 두 사람과 그리고 그 어머니가 무언가 오해를 하고 있다고 직감하셨습니다. 그리고 이렇게 말씀하셨습니다. "너희가 구하는 것을 알지 못하는도다."마 10:38 예수님께서는 세베대 사람들이 원하는 '좌우편의 자리'는 아무나 함부로 앉을 자리가 아니라고 말씀하시면서, 누구든지 당신의 가르침과 본보기를 따르는 사람이 그 자리를 차지하게 될 것을 말씀하셨습니다.마 20:23 예수님께서는 그사이 제자들 가운데 당신이 이루실 메시아 사역, 영광의 자리에 관해 다툼이 있음을 아셨습니다.마 10:41 결국 예수님께서는 안타까운 마음에 다른 제자들을 모두 부르시고 이렇게 말을 이으셨습니

예루살렘으로 올라가는 길에 제자들은 각자 자기들이 앞으로 차지할 자리에 대해 추측하고 계산했다. 사진은 예루살렘 구도심 남서편 시온 산 자락에 있는 마리아 기념 교회이다.

다. "너희 중에 누구든지 크고자 하는 자는 너희를 섬기는 자가 되고 너희 중에 누구든지 으뜸이 되고자 하는 자는 너희의 종이 되어야 하리라."마 20:6-27 사실 예수님께서는 세베대 사람들의 청탁을 전후로 당신 메시아 사역의 완성에 대해 여러 말씀을 하셨습니다. 예수님께서는 어린아이와 같은 순전한 모습으로 예수님 제자된 도리를 다하며 예수님의 길을 따르는 것의 중요성을 일깨우셨습니다.막 10:13-15 그리고 부자 청년의 이야기에서처럼 자기를 버리고 예수님의 길을 따르는 것이 중요하다는 것을 일깨우기도 하셨습니다.막 10:17~27 그러나 제자들 특히 세베대의 아들들은 그 가르침의 핵심에 가까이 이르지 못했습니다. 그들은 당대 동료 유대인들과 다를바 없이 그들이 가진 메시아론의 상식에 기준해 예수님의 길을 평가했습니다.

예수님께서는 세베대의 아들들을 비롯한 제자들의 무지와 편견에도 아랑곳하지 않으셨습니다. 예수님께서 제자들을 무시하신 것은 아니었습니다. 무지한 제자들을 꾸짖을지언정 버리지는 않으셨습니다. 오히려 제자들을 일깨우셨습니다. "누구든지 나를 따라오려거든 자기를 부인하고 자기 십자가를 지고 나를 따를 것이니라."막 8:34 제자들을 가르치셨습니다. "누구든지 자기 십자가를 지고 나를 따르지 않는 자도 능히 내 제자가 되지 못하리라."눅 14:27 메시아로 세상의 왕이 되는 길은 세속의 방식을 따르지 않는 것이었습니다. 그 길은 자기를 버려 어린아이와 같은 순전함으로 예수님을 따르고, 그렇게 자기 십자가를 지고 나와 타인과 세상의 온전한 구원의 길을 이루는 것입니다. 예루살렘 영광의 자리는 헤롯의 왕궁이 아닌 골고다 십자가 위에 있었습니다. 어린 요한은 예수님 가신 길에서 조금씩 은혜의 길, 생명의 길, 참된 진리의 의미를 알아가고 있습니다.

요한의 길에 서서 드리는 기도
무지한 제자를 일깨우시고 세상 길이 아닌 주의 길을 따르게 하여 주옵소서.

다락방의 사랑받는 제자

공관복음서에 따르면 예수님께서는 당신이 곧 잡히실 것을 아시고 제자들에게 유월절 식사를 준비하도록 하셨습니다. 제자들은 예수님께서 말씀하신 대로 예루살렘 성안으로 들어가 거기서 물 한 동이를 가지고 가는 사람을 따라갔습니다. 그는 에세네파 사람들이 모여 사는 구역의 한 집에 들어갔습니다. 제자들은 그 집 주인에게 부탁해 다락방에 유월절 식사를 위한 자리를 마련했습니다.막 14:12-16 그러나 요한의 기록에 따르면, 예수님께서 유월절이 시작되기 전에 제자들과 함께 별도의 저녁식사를 나누셨습니다.요 13:1,18:28 그 때 예수님께서 수건을 허리춤에 두르시고 제자들 한 사람 한 사람의 발을 씻기셨습니다.요 13:4-5 당신의 발 씻기는 일을 어렵게만 생각하는 제자들에게 말씀하셨습니다. "내가 너를 씻어 주지 아니하면 네가 나와 상관이 없느니라."요 13:8 그리고 이렇게 말씀하셨습니다. "내가 너희에게 행한 것 같이 너희도 행하게 하려 하여 본을 보였노라."요 13:15 예수님께서는 당신의 섬김과 헌신과 사랑을 제자들이 본받기를 원하셨습니다. 이어서 제자들을 위한 각별한 가르침의 시간을 가지셨습니다. 제자들에게 당신이 곧 떠날 것을 알리시고 당신의 가르침 위에 굳건하게 서 있을 것을 말씀하셨습니다.요 13:36-14:21 예수님께서는 동요하는 제자들을 바라보시며 안심하고 믿음 위에 굳건하게 서 있으라고 말씀하셨습니다. 그리고 당신 뒤에 오시는 '보혜사'_parakleitos, helper_ 성령께서 제자들이 무엇을 어떻게 해야 할 지 가르쳐 지키게 하시리라고 말씀하셨습니다. 예수님께서는 제자들에게 당신이 세상에 대하여 승리하셨음을 분명히 말씀하셨습니다. 그리고 다시 돌아오실 것을 약속하셨습니다._요 14:18, 16:33_ 이어서 제자들을 위해 간절히 기도하셨습니다. 하늘 하나님께 당신의 제자들을 온전히 위탁하시고 그들이 진리 가운데 거룩하게 되기를 탄원하셨습니다._요 17:13-17_ 예수님께서는 제자들을 사랑하시되 온전히 끝까지 사랑하셨습니다._요 13:1_

　요한은 예수님과 그리고 다른 제자들과 함께 있었습니다. 그의 자리는 예수님의 바로 옆, 예수님께 기댈 수 있는 곳이었습니다. 그는 누구보다 가까운 자리에 앉아 예수님께서 말씀하시는 것, 행동하시는 것을 모두 지켜보았습니다. 그는 예수님께서 자신을 포함해 제자들의 발을 씻기시는 것을 기이하게 생각했습니다. 그렇게 제자들 하나하나의 발을 씻기신 예수님께서 자리에 앉으시고서 제자 중 한 사람이 당신을 팔 것이라는 이상한 말씀을 하셨습니다. 옆에 앉아 있던 베드로는 당장 어린 요한에게 눈짓을 주어 예수님께 "말씀하시는 자가 누구인지" 알아내라고 말합니다. 어린 요한은 당장 예수님 품에 안긴 채로 물었습니다. "주여 누구니이까." 그러자 예수님께서는 자기 품에 안긴 요한을 미소로 바라보시며 말씀하셨습니다. "내가 떡 한 조각을 적셔다 주는 자가 그니라."_요 13:21-26_ 그리고 예수님께서는 가룟 사람 유다에게 포도주에 적신 떡을 주셨습니다. 예수님에게서 떡을 받아 든 유다는 그것을 먹지 않고 내려놓은 채 자리에서 일어났습니다. 그는 예수님께서 계신 '빛'의 자리를 벗어나 '어둠' 속으로 사라졌습니다._요 13:30_ 순간 다락방 식사 자리는 굳어졌습니다. 모든 사람이 어둠 속으로 빨려 들어가듯 사라지는 유다와 예수님을 번갈아 바

예수님 제자들은 다락방에서 성령 받고 큰 능력을 받아 교회를 시작했다. 사진은 마가의 다락방이 있었다고 여겨지는 터 위에 십자군 시대 세워진 교회이다. 이후 한동안 이슬람 사원이었다가 지금은 유대인들이 관리하는 곳이 되었다.

라보았습니다. 긴장이 가득했습니다. 오직 요한만 예수님의 품에 기댄 채 이 모든 것이 무슨 상황인지 알지 못하겠다는 듯 있었습니다. 요한은 예수님께서 십자가 고난을 향해 힘든 걸음을 옮기시던 중에도 '어린 제자'의 모습을 버리지 못했습니다. 그는 예수님께서 지금 어떤 길을 가고 계신지에 관해서는 관심 없다는 듯 그저 자기 궁금함과 자기 필요만 생각하고 있었습니다. 그러나 예수님께서는 그런 요한을 품으셨습니다. 예수님께서 사랑하시되 끝까지 사랑하신 자기 사람에는 요한도 있었습니다. 요한이 아직도 치기어린 모습으로, 장난기 가득한 모습으로 다락방에 와 앉아 있었지만 예수님께서는 그런 요한을 있는 모습 그대로 온전히 사랑하셨습니다.

예수님께서는 어린 요한을 지극히 사랑하셨습니다. 예수님께서는 그를 처음 요단 강에서 만나고 줄곧 당신의 사랑을 거두지 않으셨습니다. 요한이 세베대의 아들로 삶의 습관을 버리지 못했을 때도 예수님께서는 그를 사랑하셨습니다. 이 젊은이가 우레의 아들로 자기 천성을 버리지 못하고 있을 때도 진심어린 꾸짖음과 더불어 요한에 대한 사랑을 더욱 깊이 하셨습니다. 요한과 그의 형제 그리고 그의 어머니가 지혜롭지 못하여 분별없이 굴 때조차 당신의 사랑을 거두지 않으셨습니다. 요한 형제에게 오히려 더 깊은 십자가 길의 의미를 일깨우셨습니다. 예수님께서는 요한을 사랑하시되 끝까지 사랑하셨습니다. 그렇게 변함없는 사랑을 보이는 것만이 우레의 아들 요한을 당신의 사람으로 세울 수 있는 길임을 예수님께서는 잘 아셨습니다. 요한은 신실한 사랑 가운데 예수님의 사람으로 변화하기 시작했습니다. 그리고 자기에게 주어진 요한의 길을 걷기 시작했습니다.

요한의 길에 서서 드리는 기도

저를 버리지 마시고 사랑으로 인도하셔서 당신의 질그릇이 되게 하소서.

십자가 아래 선 제자

십자가형은 참기 어려울 정도로 치욕스러운 것이었습니다. 그것은 로마 황제 티투스Titus가 말한 대로 성문 옆 모두가 다니는 자리에 선 가장 잔인하고 가장 치욕스러운 사형 제도였습니다. 티투스는 이렇게 말했습니다. 십자가형은 "성문 곁에서 벌어지는 가장 흉물스럽고 치욕스러운 행사이다." 그래서 신학자 마르틴 헹엘Martin Hengel이 바울의 표현을 따라 정리한 대로 고대의 이방인들은 십자가형을 가리켜 '미련한 것'moria이라고 말하고, 유대인들은 그것을 가리켜 '거리끼는 것'skandalon이라고 말했습니다.고전 1:23 실제로 그랬습니다. 십자가에 처형당하는 죄수는 흔히 그가 살던 마을이나 도시 입구에서 십자가형을 치릅니다. 낮 동안 로마 군인은 죄수가 매달린 십자가 옆에 서 있습니다. 그들은 도시를 드나드는 모든 사람에게 십자가형을 받는 죄수를 향해 욕하고 침 뱉기를 강요합니다. 그것은 단순한 강요가 아니라 거의 강제에 가까웠습니다. 그래서 죄수를 잘 아는 사람들이나 가족들은 그 자리를 피해 다녔습니다. 자기가 사랑하고 아끼는 사람에게 욕하고 침을 뱉을 수 없었기 때문입니다. 미련하고 거리끼는 십자가형에 관한 가장 유명한 일화는 아마도 예수님께서 태어나시기 전 갈릴리에서 일어난 반란에 대한 진압 결과로 이루어진 수천 명의 십자가 처형일 것입니다. 당시 유대인들은 로마의 압제에 항거해 봉기했고 갈릴리 속주의 수도인 세포리스Sephoris를 점령하는 등 큰 반란을 일으켰습니다. 로마는 그들을 잔인하게 진압했습니다. 로마는 수많은 반란군을 죽였습니다. 생포한 반란군과 갈릴리 일대 동조자들은 모두 막달라부터 디베랴로 이어지는 도로에 십자가를 세워 매달았습니다. 그때 갈릴리 사람들은 막달라나 디베랴 근처에 가지 않았습니다. 거기에 가면 자기가 친애하던 사람들이 십자가에 달려 고통받는 것을 보게 될 것이고, 무엇보다 거기 있게 되면 십자가에 달린 사람들을 향해 모욕의 말들과 침 뱉기를 강제하는 로마 군인들을 마주해야 했기 때문입니다.

예수님의 제자들은 예수님께서 체포되자 모두 도망쳤습니다.마 26:56, 막 14:50 예수님께서 앞으로 겪으실 '거리끼는 일들'을 예감한 것입니다. 물론 베드로와 대제사장과 잘 아는 "또 다른 제자 한 사람"은 예수님을 따라갔고 가야바의 뜰에서 예수님께서 심문받는 과정을 지켜보았습니다.요 18:15-18 그러나 거기까지였습니다. 베드로는 곧 거기서 벗어났습니다. 이후 예수님은 줄곧 혼자였습니다. 그런데 놀랍게도 예수님의 십자가 죽음을 향한 여정에 함께한 사람들은 예수님의 여인들이었습니다. 누가복음은 그 여인들의 이름을 명시하지 않은 채 "갈릴리로부터 따라온 여자들이 다 멀리 서서 이 일을 보았다"라고 적고 있습니다.눅 23:49 그런데 마가복음과 마태복음은 그 자리에 막달라 마리아와 작은 야고보의 어머니 마리아 그리고 세베대의 아내 살로메가 있었다고 적었습니다.마 27:56, 막 15:40 요한의 기록은 다릅니다. 요한은 복음서에 "예수의 십자가 곁에는 그 어머니와 이모와 글로바의 아내 마리아와 막달라 마리아가" 섰다고 기록합니다.요 19:25 요한의 목격담에는 예수님의 어머니 마리아가 집중되어 있습니다. 그는 "예수께서 자기의 어머니와 사랑하시는 제자가 곁에 서 있는 것을" 보

예수님께서는 십자가에서 당신 사역을 완수하셨다. 요한은 그 순간 예수님께서 "다 이루었다"라고 말씀하시고 돌아가셨다고 기록한다. 사진은 예루살렘 순례 중 만난 작은 십자가 성소이다.

셨다고 말을 있습니다.요 19:26 여인들 목록의 차이는 차치하고 예수님의 어머니 마리아를 포함한 갈릴리 여인들은 남자들에 비해 쉽게 예수님 십자가 처형에 가까이 다가갈 수 있었을 것입니다. 보통 사형수들의 십자가 행진과 처형 내내 울어주는 여인들이 고용되고는 했는데,ₙ₂₃₇ 갈릴리 여인들은 그 여인들 틈에 끼여 예수님께 가까이 갈 수 있었던 것입니다. 흥미로운 것은 요한입니다. 뜻밖입니다. 그는 다른 제자들이 '거리끼는 일들'을 피해 도망한 가운데 예수님 십자가 곁으로 왔습니다. 그리고 어머니 마리아와 예수님의 마지막을 지켰습니다. 그가 어떻게 십자가 앞에 홀로 서 있을 수 있었는지는 알 수 없습니다. 어쨌든 그는 거기 서서 예수님 어머니 마리아를 부축하고 서서 예수님의 마지막 말씀들을 들었습니다.

사랑하는 제자 요한은 예수님의 십자가 마지막 시간을 함께 했습니다. 그는 거기 십자가 앞에 서서 예수님께서 로마 군인들에게 고통받으시고, 동료 유대인들에게 조롱당하시고, 결국에 그 모든 것을 감내하시느라 가쁜 숨을 몰아쉬시는 것을 보았습니다. 그는 거기서 백부장의 조용한 독백, "이 사람은 진실로 하나님의 아들이었도다"라는 말을 들었습니다.ₘ₁₅₃₉ 그는 거기 십자가에서 예수님께서 당신 어머니 마리아와 나눈 소리 없는 말들을 들었습니다. 그리고 마지막에 자신에게 어머니 마리아를 위탁하시는 말씀도 들었습니다.ₒ₁₉₂₆₋₂₇ 요한은 그 순간 예수님 사랑의 의미를 깊이 깨달았습니다. 십자가에서 마지막 머리를 숙이시고 영혼이 떠나가시던 순간 예수님께서 끝내 보이신 사랑은 어린 요한의 영혼을 새롭게 했습니다. 그는 이제 사랑받는 사람에서 사랑하는 사람으로 거듭났습니다. 그는 더 이상 예수님의 사랑을 받는 제자가 아니었습니다. 그는 이제 예수님의 사랑을 전하고 나누는 사람이 되었습니다.

요한의 길에 서서 드리는 기도

요한처럼 십자가 앞에 섭니다. 주님의 십자가 사랑으로 나를 새롭게 하소서.

Forty day Meditations for Spiritual Pilgrims

숨겨진 시간들

Forty day Meditations for Spiritual Pilgrims

숨겨진 시간들

어머니 마리아

예수님의 어머니 마리아는 이름이 잘 알려지지 않은 갈릴리의 작은 마을 나사렛 출신입니다. 나사렛은 산 위에 숨겨진 동네입니다. 바로 앞은 그 유명한 므깃도(아마겟돈)가 있는 이스르엘Jezreel 평원이 펼쳐져 있습니다. 고대로부터 많은 상인과 정복자들, 그리고 군인들이 왕래하고 서로 충돌하던 유명한 곳입니다. 그렇지만 나사렛은 지척의 이스르엘 평원에서 잘 보이지 않는 감춰진 곳에 위치해 있습니다. 그리고 숨겨진 산동네였던 만큼 마리아 역시 그 시골 마을의 잘 알려지지 않은 평범한 처녀였습니다. 그런데 감춰진 채로 살아가던 어느 날 그녀에게 천사가 임했습니다. 그리고 처녀인 그녀에게 "아들을 낳으리니 이름을 예수라 하라"고 말합니다.눅 1:31 하늘의 뜻이 그녀에게 임한 것입니다. 마리아는 천사가 전하는 소식이 두려웠습니다. 먼 훗날 아들이 겪을 일들을 미리 알아 두려운 것이 아니었습니다. 그녀는 자기 같은 미천한 여자에게 그런 일이 일어나는 것이 두려웠던 것입니다. 그러나 마리아는 그 모든 일을 받아들입니다. 그리고 순종으로 이렇게 고백합니다. "주의 여종이오니 말씀대로 내게 이루어지이다."Behold, the bondslave of the Lord; may it be done to me according to your word, NASB, 눅 1:38 이후 마리아의 삶은 전혀 새로운 것이었습니다. 그녀는 베들레헴으로 가서 다윗의 자손으로 왕의 계보를 이을 아기 예수를 낳았습니다.

아들 예수는 어린 시절과 청년 시절 그녀의 돌봄 가운데 있었지만, 이후에는 자신과 아버지 요셉, 그리고 나사렛을 넘어서고, 갈릴리와 예루살렘 성전의 유대 전통을 넘어서 세상 구원자 메시아로 나아가는 것을 보았습니다. 마리아는 그 모두를 어렵게, 힘겹게 받아들이고 묵묵히 아들을 따랐습니다. 자신의 아들이 고통스러운 십자가에 달려 죽어가는 어려운 현실 앞에서도 그녀는 그 현실을 순종하는 마음으로 받들었습니다. 그리고 아들이 이루는 모든 것이 진정 세상 구원의 메시아 길이 되기를 바랐습니다.

어머니로서 아들이 죽어가는 것을 십자가 아래 서서 바라보는 일은 끔찍한 경험이었습니다. 그러나 고난받아 죽어가는 아들을 묵묵히 지켜보았습니다. 힘겹게 십자가에 달려 있던 아들은 어머니를 알아보았습니다. 그리고 이렇게 말했습니다. "어머니 보소서 아들이니이다."요 19:26 아들의 이 한마디 말에는 많은 의미가 담겨 있었습니다. 어머니 마리아는 그 아들을 낳은 이래 평생 그랬던 것처럼 아무 말도 하지 않고 아들의 한마디가 담긴 수많은 의미를 끌어안았습니다. 그리고 아들이 말하지 않은 무수한 말들에 대해 "아멘, 그대로 이루어지이다"라고 마음으로 고백했습니다. 어머니 마리아는 아들이 하나님의 어린 양으로서 순종하여 나아가는 길을 온전히 실현하고 성취하기를 바랐습니다. 어머니로서 겪는 슬픔은 삼키고 침묵했습니다. 동시에 한 인간으로서 아들의 고난 넘어 떠오르는 세상 구원의 염원, 그 간절함을 담아 십자가 앞에 섰습니다. 그런데 어머니 마리아의 고통과 신앙이 교차하는 십자가 앞자리에 제자 한 사람이 함께했습니다. 그 제자는 다른 제자들이 모두 피한 자리, 십자가의 거리끼는 자리를 애써 찾아와 스승의 죽음을 지키고 있었습니다. 예수님께서는 그 제자에게 새삼 자신의 어머니를 소개하며 이렇게 말합니다. "보라

나사렛에 예수님의 태어나심을 천사가 마리아에게 고지한 것을 기념한 교회가 있다. 교회에 각 나라 전통의 그림으로 마리아와 아기 예수의 모습이 표현되어 있다. 또한 순례자들은 교회 안에 반짝이는 스테인드 글라스에서 거룩한 수태고지 현장의 신성함을 경험한다.

네 어머니라."요 19:27 예수님께서는 두 사람을 바라보면서 한 어머니의 아들로서의 마침표와 또 다른 아들을 위한 어머니의 세계를 제안하십니다. 예수님께서는 마리아의 아들로서 성육신한 삶을 끝내셨습니다. 그러나 어머니 마리아에게는 새로운 아들들 즉, 요한을 비롯한 당신의 제자들을 새로운 아들로 삼아 양육해 줄 것을 부탁하고 계십니다. 하나님의 메시아를 낳고 키운 마리아는 이제 새로운 위탁을 받습니다. 아들 예수님이 전한 세상 구원의 복된 소식을 온 세상에 전하기 위해 부름 받은 제자들을 아들들로 삼습니다. 어머니 마리아는 이제 그들을 위해 기도하며, 그들을 위해 수고하는 삶을 시작합니다.

요한은 지금 연결의 자리에 서 있습니다. 그는 어머니 마리아와 더불어 예수님의 죽음을 목격하고 그 죽음의 현실을 받아들이고 있습니다. 요한은 예수님의 죽음이 의미하는 하나님의 세상 사랑과 구원, 영생의 진리를 깊이 깨닫고 있습니다. 예수님께서는 이제 사랑하는 제자 요한에게 어머니 마리아와의 결속 그리고 어머니 마리아와 함께하는 나머지 제자들과의 결속을 당부하십니다. 당신이 세상에 오신 의미를 누구보다 잘 아는 어머니 마리아와 당신의 가르침과 사역을 함께 했던 제자들이 십자가 진리와 은혜로 하나 되기를 바라신 것입니다. 그 결속이 '교회의 시대'에 무엇보다 중요하다는 것 알고 계셨습니다. 요한은 예수님께서 십자가에서 죽으시던 그날 어머니 마리아를 모셨습니다.요 19:27 그리고 단순한 '어르신 봉양'의 의미를 넘어서는 새로운 결속의 의미로서 마리아를 어머니로 모시고 살게 됩니다. 그는 십자가 아래 은혜와 진리로 결속하는 일의 중요성을 깊이 깨닫습니다.

요한의 길에 서서 드리는 기도
우리가 주와 함께 십자가 앞에 섭니다. 우리가 그 진리로 온전히 하나되게 하소서.

다락방의 핵심인물

　　예수님께서는 부활하시고 곧 여인들과 제자들 앞에 나타나셨습니다. 부활하신 예수님께서는 제자들에게 나타나신 후 여러 가지로 깨달음과 통찰을 주셨습니다. 예수님께서는 특히 십자가 사역의 의미와 가치, 그리고 향후 있어야 할 일들에 대해서 여러 가지로 제자들의 생각과 마음을 이끄셨습니다. 당신의 사역과 십자가 죽음, 그리고 부활은 성경의 기록된 그대로 실현된 것이며, 나아가 하나님의 귀한 뜻이 성취된 것임을 알리신 것입니다.눅 23:25-27 예수님께서는 그렇게 제자들이 당신 사역의 의미와 가치를 분명히 알도록 가르치고 인도하셨습니다. 그때 특별히 제자들에게 당신의 부활을 직접 체험하도록 하셨습니다.눅 23:36-39, 요 20:19-20 부활이 관념과 추상에 머무르지 않는다는 것, 다른 몸으로 새로 태어난 것이 아니라는 것, 그리고 예수님께서 실제로 죽었다가 죽으신 몸 그대로 부활하셨다는 사실을 알리는 것은 중요했습니다. 예수님께서는 그 체험을 통해 제자들이 부활의 증인이 되어 세상에 서도록 하셨습니다.눅 24:28 십자가와 부활의 증인이 되는 일은 중요한 과제였습니다. 예수님께서 이 땅에 오셔서 이루신 일들을 세상 모든 사람에게 알게 하고 그들도 제자들처럼 예수님의 십자가 도리를 따르는 사람들이 되도록 하는 일이었기 때문입니다. 그리고 마지막에 예수님께서는 제자들을 도우실 '성령'parakletos을 약속하셨습니다.눅 24:49 제자들은 예수님께서 당부하신 말씀을 굳건하게 새겼습니다. 그러나 주어진 사명을 위해 바로 흩어져 세상으로 나가지 않았습니다. 그들은 예수님께서 맡기신 사명을 수행하기 위해 먼저 한자리에 모였습니다. 그리고 거기서 서로 예수님의 가르침을 되새기며 기도하는 일에 힘썼습니다. 그들의 자리와 마음에 성령이 임하시는 것이 무엇보다 중요했기 때문입니다. 그렇게 한마음 한뜻이 되어 그들은 성령의 능력으로 충만한 공동체를 이루었습니다. 다락방 초대교회가 시작된 것입니다.

초대교회는 열두 명의 제자들이 중심이 되었습니다. 원래 가룟 사람 유다가 있었는데 그는 예수님을 배신했습니다, 제자의 자리 하나가 공석이 된 것입니다. 그런데 열둘의 의미는 중요했습니다. 제자들은 열두 지파 이스라엘의 회복이 중요하다는 것을 아는 사람들이었습니다. 그래서 열두 제자와 늘 함께 다니던 사람들 가운데 제자 하나를 보강해 열두 제자 그룹을 온전하게 했습니다. 그렇게 새로 제자 그룹에 편입된 사람은 바로 맛디아Matthias였습니다.행 1:16-6 그런데 여기서 제자들 이름의 순서가 살짝 뒤바뀌게 됩니다. 예수님께서 처음 제자들을 세우시고 그들과 함께 다니실 때 요한의 순서는 늘 베드로와 야고보 다음이거나 베드로와 안드레 그리고 야고보 다음이었습니다. 그런데 예수님께서 죽으시고 부활하신 후 다락방 공동체가 결성된 후 그의 자리는 베드로 다음에 자리하게 됩니다.행 12:13 요한은 원래 예수님 제자 그룹에서 핵심 사인방 안에 들어있던 사람이었습니다. 그는 나이가 어렸어도 늘 예수님께서 당신 가까이 두셨고 그를 아끼고 사랑하셨습니다. 그런데 예수님께서 하늘로 올라가시고 새로 정리된 다락방 교회에서 그는 여전히 수위권의 핵심 그룹에 이름을 올려두게 됩니다. 그를 지극히 사랑하시던 예수님께서 계시지 않으니 이제

예루살렘에 있는 성묘교회 안에는 예수님께서 십자가에 못박히신 자리, 골고다가 있다. 지금은 정교회의 소유이며 왼편에는 어머니 마리아, 오른편에는 십자가에 달리신 예수님을 끝까지 지키는 어린 요한이 있다.

뒤로 물러서 있어도 될 것 같은데 그렇게 되지 않은 것입니다. 사람들은 요한이 예수님 승천 이후에도 제자 그룹에서 수위권을 유지한 것은 예수님께서 십자가에 달려 돌아가실 때 그 자리를 지킨 제자이기 때문이라고 말합니다. 한편으로 그 말은 옳습니다. 예수님께서 어떻게 돌아가셨는지, 십자가 처형 와중에 골고다 주변에서 무슨 일이 있었는지를 아는 것은 예수님의 어머니 마리아를 포함한 '갈릴리의 여인들'을 제외하고는 아무도 없었기 때문입니다. 요한은 '성인 남자'로서 예수님의 죽으심을 증언할 중요한 한 사람이었습니다. 그는 가장 중요한 예수님의 증인이 되었습니다. 그는 어린 나이에도 불구하고 그렇게 예루살렘 다락방 공동체에서 중요한 위치에 오르게 됩니다.

초대교회로 넘어가면서 나타난 요한의 변화는 의미심장합니다. 그는 예수님과 함께 갈릴리 일대를 다니는 내내 '세베대의 아들' 혹은 '우레의 자식'이라는 별명에 어울리는 삶을 벗어나지 못했습니다. 그는 그 시절 내내 치기어린 소년이었고 천둥벌거숭이 같은 청년이었으며 무엇보다 사리분별이 흐릿하여 자기 정체성이 불분명한, 여린 사람이었습니다. 그러나 그는 십자가 사건을 거치면서 그리고 예수님께서 부활하신 것을 목격하고 체험하면서 변했습니다. 그는 이제 예수님께서 이 땅에 오신 의미와 십자가 죽으심의 의미, 부활의 의미를 더욱 명료하게 이해하고 알고 확신하는 예수님의 사람이 되었습니다. 그는 그 어떤 제자보다 예수님의 메시아 되심에 대한 확신이 있었습니다. 그가 잘못 알고 있던 예루살렘 영광의 자리와 전혀 다른 영광의 자리, 즉 십자가의 자리를 중요하게 여기는 예수님의 사람이 되었습니다. 요한은 예수님의 어머니 마리아와 더불어 초대교회 공동체를 새롭게 세우는 일에 중심에 섰습니다.

요한의 길에 서서 드리는 기도
십자가의 의미를 분명히 아는 증인된 자리에 굳건하게 서게 하소서.

복음을 처음 전하는 자리

사도들과 제자들은 예루살렘 마가의 집 다락방에 모여 기도하는 가운데 성령으로 충만하게 됩니다. 거기서 그들은 온몸과 영혼으로 하나님의 거룩하신 영이 그들의 자리에 오셔서 그들 가운데 당신의 능력으로 충만하게 채우시는 역사를 경험했습니다.^{행 2:1-4} 그때 그들은 세상 여러 곳으로부터 온 유대인들과 여러 이방 사람의 언어를 말했습니다. 그리고 다락방을 나와 예루살렘 거리 곳곳에서 예수 그리스도께서 구세주이심을 전했습니다. 베드로가 특히 열정적이었습니다. 베드로는 예루살렘 거리에 서서 이렇게 외쳤습니다. "누구든지 주의 이름을 부르는 자는 구원을 받으리라."^{행 2:21} 그리고 이렇게 선언했습니다. "이스라엘 온 집은 확실히 알지니 너희가 십자가에 못 박은 이 예수를 하나님이 주와 그리스도가 되게 하셨느니라."^{행 2:36} 그의 외침은 분명했고 강력했습니다. "너희가 이 패역한 세대에서 구원을 받으라."^{행 2:40} 그러자 예루살렘의 많은 유대인들과 이방인들이 마음에 찔려하며 회개하는 가운데 예수 그리스도를 구주로 영접하고 사도들이 베푸는 세례를 받게 되었습니다. 예루살렘 사람들은 얼마전 자기들이 구호와 함성 속에 십자가에 못 박았던 예수를 메시아로 구원자로 받아들이게 되었습니다. 사도들의 전도는 계속해서 강력하게 이루어졌습니다. 특히 베드로와 요한은 이 모든 전도의 선봉에 섰습니다. 그들은 성전 앞 미문the beautiful gate 앞에 앉아 있던 "나면서 못 걷게 된 이"를 예수의 이름으로 고쳐 걷고 뛰고 하나님을 찬양하게 했습니다. 그리고 성전 솔로몬의 행각Solomon's Colonnade에서 복음을 전하여 수많은 사람을 예수 그리스도의 제자가 되게 했습니다. 베드로는 이 자리에서 자신과 요한 그리고 모든 사도가 예수 그리스도에게 일어난 모든 일의 "증인"이라고 선언하며 그가 낫게 한 사람이 "예수로 말미암아 난 믿음"으로 온전하게 되었음을 외쳤습니다.행 3:16 사도들은 이제 십자가에 대한 비겁한 도피자들이 아니라 예루살렘의 용기 있는 증인들이 되었습니다.

그러나 예루살렘의 권세자와 몇몇 유대인들은 사도들과 제자들의 이런 사역을 미워했습니다. 그리고 결국 제자 중 한 사람 스데반Stephen을 죽였습니다.행 7:57-60 예루살렘에서 박해가 일어나고 교회는 주춤했습니다. 몇몇 그리스계 그리스도인들은 예루살렘을 떠나야 했습니다. 그 가운데 빌립Philip은 유대 지경을 벗어나 사마리아로 갔습니다.행 8:5 그는 거기 유대인들이 경멸해 마지않는 사마리아인들 사이에서 큰 부흥을 일으켰습니다. 빌립의 사역으로 사마리아인들 사이에는 큰 기쁨이 일어났습니다.행 8:8 예루살렘 교회는 유대인들의 지경이 아닌 사마리아인들 사이에서 일어난 부흥 소식에 놀랐습니다. 믿지 못하겠다는 것보다 기대하지 못했던 곳에서 일어난 놀라운 소식이었습니다. 교회는 그 놀라운 일들을 확인도 하고 빌립의 사역을 지원하는 일을 위해서도 사도들을 파견했습니다. 이번에도 베드로와 요한이 그리로 갔습니다.행 8:14 그들은 거기 사마리아에서 예수 그리스도의 복음이 크게 일어나고 많은 이들이 예수님 앞으로 나오는 것을 보았습니다. 베드로와 요한은 거기서 수장이며 핵심 사역자로서 면모를 온전히 드러냈습니다. 사마리아 사람들에게도 그들이 다락방

예수님의 제자들은 오순절 성령을 받고 예루살렘의 곳곳에서 예수님 부활의 증인이 되었다. 베드로와 요한이 성전 미문에 앉은 이를 예수의 이름으로 일으켜 세웠고 스데반은 예수의 이름을 전하다 돌에 맞아 순교했다.

에서 받은 것과 동일한 성령이 임하시기를 위해 기도한 것입니다.^{행 8:16} 실제로 성령께서 두 사도의 사역 가운데 함께 하셨습니다. 베드로와 요한이 기도할 때 사마리아 사람들에게 하나같이 성령이 임하신 것입니다.^{행 8:17} 성령은 다락방에 모였던 예수님의 제자들과 열두 사도에게만 임하지 않으셨습니다. 성령은 예루살렘과 다락방이라는 공간에 제한되어 계신 분이 아니었습니다. 성령은 오순절에만 국한하여 역사하시는 분이 아니었습니다. 성령은 사마리아와 세상 땅끝 곳곳 모든 이방인들에게도 시의적절時宜適切하게 임하셨습니다. 베드로와 요한은 기어코 성령의 길을 열었습니다. 세상 모든 민족이 예수 그리스도를 구주로 영접하게 되고 성령으로 충만함을 받게 되는 일이 여기 사마리아에서 시작된 것입니다.

요한은 예수님 승천 이후 교회가 세상 가운데 자리 잡을 때 그리고 교회의 사람들이 세상 가운데 자기들의 존재감을 드러낼 때 중심에 서 있었습니다. 이 세상에 예수 그리스도의 복음이 처음 전파되는 자리에 사도로 섰습니다. 그는 예수님의 제자들과 사도들을 넘어서 전혀 새로운 사람들이 예수 그리스도를 영접하고 세례를 받아 교회 공동체로 들어오던 때에 교회의 중심에 서 있었습니다. 그는 또한 예수의 사람이 앉아 있던 사람을 예수의 이름으로 일으키고 병을 낫게 하고 새사람이 되도록 인도할 때도 그 자리에 함께 했습니다. 그는 예수의 사람이 그 복된 소식을 전파한 이유로 처음 체포되어 옥에 갇히게 되었을 때도 그 자리에 있었습니다. 무엇보다 그는 예수의 사람이 이방인에게 복음을 전했을 때 그들이 변화와 부흥이 일어난 자리에 있었으며, 유대인이 아닌 이방인에게 성령이 처음 임하던 자리에도 함께했습니다. 교회가 예수의 이름으로 행한 모든 '첫 일'의 중심에 요한이 있었습니다.

요한의 길에 서서 드리는 기도
복음이 누군가와 처음 만나는 자리, 그 자리가 저의 부름 받은 자리가 되게 하소서.

사라진 사도

누가의 사도행전 기록에 의하면 스데반 이후 교회에 대해 큰 박해가 일어났는데, 그때 열두 명의 사도들 외에는 모두 흩어져 예루살렘을 떠났습니다.행 8:1 그렇게 그들 가운데 몇몇은 유대 지경의 여러 곳으로 갔습니다. 빌립 등 몇몇은 앞서 이야기한 바와 같이 사마리아여러 곳으로 갔습니다. 제자들 가운데 몇몇은 갈릴리와 몇몇 지역에도 갔던 것 같습니다. 또 몇몇은 베니게Phoenicia와 구브로Cyprus와 그리고 안디옥Antioch of Syria까지 갔습니다.행 11:19 그들은 곳곳에서 유대인들에게 그리고 이방인들에게 복음을 전했습니다. 특히 수리아 안디옥으로 간 사람들이 열정적이었습니다. 그들은 수리아 안디옥에서 유대인에게뿐 아니라 그리스인에게도 예수를 전했습니다. 제자들이 전하는 예수의 이야기를 들은 그리스 사람들은 빠르게 신앙을 갖게 되었습니다. 그리스 사람들은 그들의 수다한 신들이 아니라 오직 한 분하나님과 그 아들 예수 그리스도를 믿는 신앙으로 돌아왔습니다. 하나님께서는 안디옥에서 정말 많은 사람을 구원으로 인도하셨습니다. 수리아 안디옥의 부흥 소식은 예루살렘의 사도들에게도 전해졌습니다. 교회는 곧 부흥의 불길을 더 크게 일으키기 위해 사람을 파송했습니다. 그런데 이번에는 베드로와 요한이 아닌 바나바를 그곳으로 보냈습니다.행 11:22 바나바는 안디옥으로 가서 부흥을 확인했습니다.

그리고 그곳에 도움의 손길이 필요하다는 것을 알았습니다. 그때 바나바는 도움의 손길을 예루살렘 교회에 요구하지 않았습니다. 그는 현명하고 순전한 사람이었습니다.행 11:24 이 안디옥 교회에 필요한 사람은 예루살렘 교회의 누군가가 아니라 전혀 새로운 인물임을 알았습니다. 바나바는 안디옥과 가까운 다소Tarsus에 있는 바울을 불렀습니다. 그리고 그와 더불어 안디옥 교회에서 사역했습니다. 바울과 바나바의 사역 가운데 안디옥 교회는 크게 부흥했습니다. 그들의 사역으로 안디옥 교회 사람들은 처음으로 그리스도인이라는 별명도 얻었습니다.행 11:25~26

수리아 안디옥에서 전혀 새로운 인물들이 지도자가 되어가는 동안 교회의 수장 베드로는 예루살렘을 떠나 있었습니다. 그는 유대와 갈릴리와 사마리아의 교회들이 안정적으로 성장하는 것을 확인한 뒤 "사방으로 두루다니다가" 룻다Lydda와 욥바Joppa 일대로 갔습니다.행 9:31~32 베드로의 사역은 놀라운 것이었습니다. 그는 룻다에서 중풍병에 걸린 애니아를 살렸습니다. 그리고 욥바에서는 병들어 이미 죽어 장례를 준비하는 다비다를 살려내기도 했습니다.행 9:33~40 이후 베드로의 사역은 점차 유대인의 지경을 넘어서는 방향으로 흘러갔습니다. 베드로는 욥바에서 환상을 본 후에 가이사랴의 이방인 고넬료Cornelius의 집에 갔습니다.행 10:6~23 고넬료는 퇴역한 로마 백부장이었습니다. 고넬료는 퇴역한 뒤 로마 본토로 돌아가지 않고 그가 복무하던 가이사랴에 정착해 살았는데, 거기 살면서 유대인들의 종교와 신앙에 깊은 관심을 갖게 되었습니다. 그는 '하나님을 경외하는 사람들'God-fearers이라 불리는 그런 사람이었습니다.행 10:1~2 그러나 그는 유대교의 하나님에 대해 관심을 갖는 정도에 머무르지 않았습니다. 그는 에티오피아 여왕의 시종이 그랬던 것처럼,행 8:28~34 보다 깊은 신앙

베드로는 룻다와 욥바를 거쳐 가이사랴로 가서 고넬료와 그 일가를 만났다. 그런데 그의 가이사랴 행에 요한은 빠졌다. 그는 사마리아 이후 행적이 묘연해졌다. 사진은 이스라엘 가이사랴 유적지다. '해변의 가이사랴'라고 불린다.

으로 들어가기를 바랐습니다. 그때 사도 베드로가 그에게 왔습니다. 그리고 그 집안 모든 사람에게 복음을 전했습니다. 베드로는 하나님의 명령에 따라 유대인으로서 꺼리는 이방인과 접촉하고 그들에게 복음을 전했습니다. 베드로는 이방인에게도 복음이 전파되는 새로운 선교적 지경 넘기에 성공했습니다. 하늘 하나님도 그의 사역을 도우셨고 함께하셨습니다. 그가 이방인 고넬료와 그 집 사람들에게 세례를 베풀 때 사마리아에서 일어난 것과 똑같은 성령의 역사가 일어났습니다.^{행 10:44} 고넬료와 집안사람들은 예수의 이름으로 물세례를 받았을 뿐 아니라 성령으로 충만하게 되는 역사도 경험하게 됩니다. 하나님께서는 교회가 예루살렘을 넘어 사마리아와 온 유대와 땅끝으로 나아가는 복음의 기지가 되도록 하셨습니다.

그런데 이상한 일이 있습니다. 요한이 사라진 것입니다. 사마리아 성령 사건 이후 베드로는 이제 혼자서 다닙니다. 룻다와 욥바와 가이사랴 등에서 베드로는 줄곧 혼자입니다.^{행 11:1-18} 이후 예루살렘에서 베드로는 박해를 받았습니다. 야고보도 순교하고 말았습니다.^{행 12:1-19} 그런데 요한은 그 모든 상황에 끝내 침묵합니다. 이후 사도행전은 자연스럽게 이야기 무대를 예루살렘이 아닌 수리아 안디옥으로 옮깁니다. 이제 사도들 행전의 주인공은 바울이어야 합니다. 앞으로 사도행전에는 요한은커녕 베드로를 위한 자리도 없습니다. 요한은 이후 오랜 시간 초대교회에서 사라진 존재가 됩니다. 한 가지는 분명합니다. 교회 전통은 이 시간 요한이 예수님의 어머니 마리아를 봉양하며 보냈으리라고 봅니다. 그는 교회와 사역에 대해서는 온전히 침묵하고 오직 마리아와 함께 했습니다. 그는 교회로부터 세상으로부터 잊힌 존재가 되었으나 예수님께로부터 받은 과제와 사명에는 굳건한 사람이 되었습니다.

요한의 길에 서서 드리는 기도

잊힌 사람이 되더라도 기도와 예배, 주신 사명에 충실해야 함은 잊지 않게 하소서.

에베소 교회

　예수 그리스도의 복음은 크게 흥왕했습니다. 여러 사도가 예루살렘을 떠나 각자의 '땅끝' 사역지로 가서 수고하고 헌신해 결실했습니다. 베드로는 수리아 안디옥에 머물다가 로마를 거쳐 본도와 비두니아 갑바도기아 일대를 다니며 복음을 전했습니다.벧전 1:1-2 빌립과 바돌로매는 여러 지역을 전도하다가 소아시아 반도 아시아 속주의 히에라볼리Hierapolis 일대에서 복음을 전했습니다. 이외에 마태는 에티오피아로 갔고, 도마는 인도로 갔으며, 시므온과 유다 다대오 등은 유다와 갈릴리 지역에서 복음을 전하다가 베니게와 수리아 일대에서 복음을 전했습니다. 그 외에도 여러 알려지지 않은 제자가 복음을 전하기 위해 곳곳으로 갔습니다. 교회의 전승에 의하면 세리장이었던 삭개오는 가이사랴 교회의 목회자가 되었습니다. 예수님의 기사와 이적으로 되살아난 베다니의 나사로는 구브로로 가서 복음을 전했습니다. 예수님의 십자가를 대신 지고 갔던 구레네 사람 시몬과 그의 가족 이야기도 있습니다. 그의 아내와 아들 루포는 로마로 가서 거기 교회의 일원이 되었습니다.롬 16:13 그 가운데 바울의 사역과 행보는 독보적입니다. 바울은 원래 예수님을 믿는 사람들을 잡아들이고 박해하던 사람이었는데, 또 다른 박해를 위해 다메섹으로 가던 길에 예수님을 만났고 변화했습니다.행 9:1, 22:4, 26:9 그는 후에 얼마간 부침의 세월을 보내다가 바나바에 의해 수리아 안디옥 교회의 일원이 되었습니다. 그리고 거기서 지도자로 헌신했습니다. 바울은 바나바와 더불어 이방 세계를 위한 선교사가 되었습니다. 그들이 함께했던 처음 선교는 구브로와 비시디아 안디옥, 그리고 이고니온 일대로 이어졌습니다. 이후 바울의 두 번째 선교는 놀라운 것이었습니다. 그는 이 두 번째 선교에서 당대 그리스 문화의 본거지인 마게도냐Macedonia와 아가야Achaia 일대를 다녔습니다. 그리고 환란과 고난 가운데 그곳 많은 이방인을 예수 복음과 교회로 인도했습니다. 많은 유대인과 이방인이 바울이 전하는 예수님을 영접했고 그가 세운 교회의 일원이 되었습니다.

특별히 바울의 세 번째 전도 여행은 의미가 깊습니다. 그의 세 번째 전도여행의 전반부는 주로 에베소Ephesus에서 이루어졌습니다. 에베소는 당시 로마의 아시아 속주Asia Province의 수도였습니다. 에베소가 위대한 도시로 명성을 크게 얻은 것은 도시가 세워질 때부터 있었던 위용이 대단한 아르테미스 신전Artemis Temple때문이었습니다. 에베소는 이 거대한 아르테미스 신전 숭배와 관광, 그리고 로마 황제에 대한 열렬한 지지를 기반으로 부와 명성 그리고 힘을 누렸습니다. 많은 사람이 돈과 명예 그리고 종교적인 위안을 위해 에베소를 찾았습니다. 한 마디로 정치와 종교와 경제가 서로 잘 맞아 돌아가는 도시였습니다. 종교적인 산업이 경제를 일으키고 경제가 정치를 몰고 오는 형국이었습니다. 바울은 세 번째 선교 여행에서 에베소를 방문했습니다. 그는 거기서 열두 명의 이방인 제자를 얻었습니다. 그는 베드로의 고넬료 집 사역 이후 거의 최초로 이방인 제자들에게 성령 세례를 베풀기도 했습니다.행 19:6 그는 에베소의 두란노 서원에서 사람들을 가르쳤습니다. 그래서 유대인이나 헬라인을 막론하고 많은 사람이 그의 가르침과 에베소 교회 공동체로 들어왔습니다.행 19:10 바울은 신비한

에베소는 소아시아의 수도였으며, 로마의 중요한 교통의 중심지였다. 바울의 사역에 중요한 거점이며, 요한의 일곱 교회 중 하나로 있었던 곳이다. 사진은 에베소 유적지에 남아 있는 쿠레테스 거리이다.

기적과 많은 사람의 병을 고치는 일을 많이 보였습니다. 그러자 에베소 사람들은 더욱 바울을 따르게 되었습니다. 많은 사람이 자기들이 믿고 따르던 마술책들을 불태우는 일도 일어났습니다._{행 19:17~19} 바울과 에베소 교회의 영향력은 점점 커졌습니다._{행 19:20} 에베소를 지배하는 사람들은 긴장하기 시작했습니다. 결국에 에베소 사람들은 자기들을 연합하여 묶어 주는 아르테미스 신전을 중심으로 반-바울 시위대를 형성했습니다. 그러나 그들의 집회와 주장은 바울과 에베소 교회의 사역을 막을 수 없었습니다.^{행 19:41} 그들이 숭배하는 아르테미스가 거짓이기 때문입니다. 결국 바울의 에베소 교회는 더욱 크게 부흥했습니다. 에베소 교회는 곧 주변 지역 교회들의 중심이 되었습니다.

사도들과 제자들, 그리고 바울이 열정적으로 사역하던 주후 40년대로부터 50년대에 이르기까지 우리는 요한을 찾을 수 없습니다. 그는 아마도 예수님의 어머니 마리아를 돌보고 있었을 것입니다. 사실 교회 전승은 이 시기 요한이 에베소에 와서 예수님의 어머니 마리아와 함께 살고 있었다고 전합니다. 요한은 사도들과 제자들이 곳곳에서 승리하고 부흥하고 있다는 이야기를 들으며 어머니 마리아를 모시고 에베소로 왔습니다. 요한은 거기 에베소에 살면서도(아마도 에베소 주변 산골에) 바울이 일으킨 큰 부흥의 소식을 들었을 것입니다. 지척에 있는 에베소에서 큰 부흥이 일어났다는 소식을 들은 요한은 기쁨과 감사와 더불어 피할 수 없는 소외감을 느꼈을 것입니다. 당장 에베소 교회 부흥에 합류하고 싶은 심정이었을 것입니다. 그러나 그는 그렇게 하지 않았습니다. 그는 에베소 교회를 비롯한 모든 교회들의 부흥에 조용히 입을 다물었습니다. 아직 그의 때가 오지 않은 것입니다.

요한의 길에 서서 드리는 기도

침묵의 시간을 가질 때 시험에 들게 하지 마시고 값있는 침묵이 되도록 지켜 주소서.

교회의 어려운 시절

　에베소 교회의 부흥은 놀라운 역사였습니다. 에베소에서 부흥하는 교회의 힘은 소아시아 내륙에 있는 여러 교회가 안전하게 일어서도록 하는데 큰 힘이 되었습니다. 에베소와 지리적으로 연결된 내륙 리쿠스 계곡the Lycus Canyon의 교회들 즉, 라오디게아Laodikea 교회와 히에라볼리Hierapolis 교회 그리고 골로새Colosae 교회들이 일어섰고, 서머나Smyrna, 버가모Pergamum, 두아디라Thyatira, 사데Sardis 그리고 빌라델비아Philadelphia 교회 등 소위 일곱 교회들도 일어났습니다. 그 외에도 성경에는 기록되지 않았지만 역시 에베소와 지리적으로 밀접한 미앤더 계곡the Meander Canyon의 교회들, 즉 마그네시아Magnesia나, 프리에네Priene와 같은 도시의 교회들이 일어섰습니다. 에베소를 중심으로 일어난 이방 땅 복음의 불길은 곳곳으로 번져갔습니다. 이 교회들은 모두 훌륭한 교회들이었습니다. 훌륭하고 좋은 지도자들의 수고와 노력 덕분이었습니다. 특히 리쿠스 계곡 교회들의 지도자들은 각별했습니다. 바울의 에베소 사역 결실로 보이는 빌레몬Philemon과 아내 압비아Appia, 그리고 그 아들 아킵보Archippus는 그들의 본거지 골로새로 가서 복음을 전하며 교회를 세워갔습니다.몬 1:1, 골 4:17 빌레몬의 사역에는 후에 에바브라Epaphras가 협력했습니다.골 1:7, 4:12 에바브라는 로마에서 바울의 첫 번째 감옥 생활을 도왔던 신실한 사람이었습니다.몬 1:23 이후

에바브라는 골로새의 빌레몬과 함께 사역하면서 주변의 히에라볼리와 라오디게아 교회를 개척해 나갔습니다.골 4:13 그리고 라오디게아 교회에 중요한 지도자 눔바Numba와 그의 아내를 세워두었습니다. 에바브라와 빌레몬 그리고 눔바와 같은 이들의 헌신은 세속으로 온전히 물든 리쿠스 계곡의 도시들을 예수 그리스도의 복음으로 온전히 비추어 새롭게 하는데 충분했습니다. 그들은 초대교회 사도들과 제자들의 시대를 이어 이방 땅에 복음의 빛을 비춘 훌륭한 지도자들이었습니다.

사도들의 리더십을 계승하는 일은 신실하게 이어졌습니다. 가장 대표적인 곳이 에베소였습니다. 에베소는 바울이 세운 이후 크게 발전하고 부흥했습니다. 그 바울을 이은 것은 그의 제자 디모데Timothy였습니다.딤후 1:14 이후 디모데는 오랫동안 에베소의 사역자로 온전히 헌신했습니다. 그는 한 차례 투옥되기도 하면서까지 교회 지도자의 자리를 온전히 지켰습니다.히 13:23 디모데는 적어도 주후 90년대 후반 네르바Nerva 황제가 다스리던 시절까지 사역했습니다. 그리고 아르테미스 신 축제 기간 순교했습니다. 에베소에는 디모데 외에도 또 하나 훌륭한 지도자가 있었습니다. 노예 출신 지도자 오네시모Onesimus입니다. 그는 골로새 교회 빌레몬의 노예였다가 후에 바울에 의해 교회의 지도자가 되었습니다.몬 1:9-10, 16 오네시모는 특히 디모데가 순교한 상황에서 에베소 교회를 굳건하게 지킨 지도자였습니다. 오네시모는 주후 2세기 초반 트라야누스 황제 시기까지 지도자로 있다가 순교했습니다. 교회는 하나님께서 지키셨습니다. 하나님께서는 여러 난관에도 지도자들을 꾸준히 세우시고 그 선한 계보가 계속 이어지도록 하셨습니다. 그런데 사도들을 비롯한 1세대 지도자들의 시대를 지나 다음세대 지도자들의 사역이 시작되면서 교회가 겪은 어려움은 보통

에베소에는 많은 교회 지도자들이 사역했다. 바울의 3차 전도여행에 중요한 거점이었으며, 이후 디모데와 오네시모의 주요 사역지이기도 했다. 사진은 에베소 유적에서 가장 인기있는 셀수스 도서관이다.

이 아니었습니다. 당장 예수님을 목격한 증인 세대가 모두 순교했습니다. 교회는 이제 권위 있는 가르침을 들을 수 없게 되었습니다. 또 하나 문제는 유대인과의 결별입니다. 주후 70년 예루살렘이 완전히 멸망하면서 유대인은 그들과 그리스도인들을 구별했습니다. 그러자 로마 정부는 유대교도가 아닌 그리스도인들을 무신론자로 다루기 시작했습니다. 정부는 사회를 문란하게 만든다는 이유로 그리스도인들을 박해하기 시작했습니다. 교회는 무엇보다 이단의 가르침을 전하는 사람들과도 상대해야 했습니다. 교회는 로마 제국 내에서 불안한 위치와 신실한 지도자들이 앞다투어 벌이는 순교행진, 그리고 교회 안의 분열이라는 틈바구니에서 어려움을 겪었습니다.

도미티아누스 황제가 폭주를 시작하던 주후 80년 중반 요한은 다시 나타났습니다. 70대를 훌쩍 넘긴 나이였습니다. 재등장하기 전 요한은 동료 사도들의 순교 소식을 들었습니다. 빌립과 바돌로매는 히에라볼리Hierapolis에서 십자가에 달렸고, 안드레는 아가야Achaia의 파트라스Patras에서 역시 십자가에 처형되었습니다. 그가 존중하는 베드로는 오래전 갈릴리 바다에서 부활하신 예수님께 들었던 그 모습으로 순교했습니다.요 21:18~19 그 모든 소식은 그의 마음을 움직였습니다. 그런데 더 안 좋은 소식이 들렸습니다. 새 황제와 부화뇌동하는 유대인들이 교회를 박해하기 시작했다는 이야기였습니다. 교회 안에서는 거짓 교사들이 판을 친다는 소식도 들렸습니다. 요한은 그 어려운 때 에베소 교회와 주변 여러 교회에게 지도자가 되어 주었습니다. 그의 등장은 당연히 디모데나 오네시모와 같은 지도자들에게도 힘이 되었습니다. 요한은 유명세를 위해서가 아니라 버팀목으로 세상에 다시 나타났습니다.

요한의 길에 서서 드리는 기도

주님과 교회가 필요할 때 신실하고 담대한 모습으로 일어설 지혜와 용기를 허락하소서.

교회들을 이끌다

1세기 후반으로 접어 들어가면서 교회는 확실히 어려운 시절을 맞이했습니다. 사도행전의 중요한 외침, "하나님의 말씀은 흥왕하여 더하게"되는 일과,행 12:24 "주의 말씀이 힘이 있어 흥왕하여 세력을 얻더라"는 말씀은행 19:20 조금 무색하게 되었습니다. 주후 60년대를 넘어서면서 바울과 베드로가 네로 치하 로마에서 순교하여 교회는 확실히 어려움에 빠졌습니다. 당장, 사도들과 제자들 그리고 동료 사역자들이 순교를 거듭하면서 교회를 관리하고 목양할 인력이 대거 부족하게 되는 상황이 발생했습니다. 그리스도인들은 예수님께서 긍휼한 마음으로 던지신 한마디 "목자 없는 양과 같은"마 9:36 모습으로 방황했습니다. 주후 70년을 넘기면서 유대인들과 결별하고 교회로 독자 생존하게 된 현실은 로마 사회 안에서 아직 길을 내지 못했습니다. 유대인과 유대교도에게 정치적인 정체성을 제공하던 특권politeuma의 혜택에 기생하기 어려워졌습니다. 결국 그리스도인들은 여기저기 그리스 로마 사회에서 특이한 사람들로 여겨지기 시작했습니다. 기존 사회로부터 내몰려 유리하는 일까지 나타나게 되었습니다. 그들은 로마와 그리스 사회 어느 편에도 서기 어려운 존재, '나그네'paroikos, sojourner와 같은 존재로 살게 되었습니다. 상황이 이렇게 되자 사람들은 교회를 등지기 시작했습니다. 그들은 교회로부터 무언가 새로운

요한은 아시아 속주 최대 도시 에베소에서 재등장했다. 사진은 바울과 요한 시대 거대한 모습으로 있었던 에베소 아르테미스 신전 유적지이다. 로마가 기독교화하면서 거대한 기둥들과 석재들을 가져다 교회 짓는 일에 사용하는 바람에 지금은 기둥 하나만 남았다.

길을 찾을 수 있으리라 기대했던 사람들이었습니다. 그러나 교회로부터 얻을 것이 없다고 여기자, 끝내 그들은 교회로부터 멀어지기 시작했습니다. 교회로부터 멀어지게 만드는 일은 교회 안에서도 발생했습니다. 사도들의 가르침을 거스르고 왜곡하는 거짓된 가르침이

고개를 들기 시작한 것입니다. 그들은 교회 안에서 정통한 가르침이라고 여기던 것들을 훼손하기 시작했고 자기들 나름의 해석으로 기존 전통을 무시하는 일에까지 이르게 되었습니다. 그렇게 초대교회 공동체들은 무너지고 파괴되기 시작했습니다. 교회 지도자들의 결단과 중대 조치가 요구되는 시점이었습니다.

베드로는 오래전 이런 상황을 생각했습니다. 그는 소아시아 일대에 이미 고개 들기 시작한 세속의 영향을 걱정하며 교회를 단속하는 편지를 보냈습니다. 그는 자기 편지의 독자들에게 이렇게 말했습니다. "사랑하는 자들아 거류민과 나그네 같은 너희를 권하노니 영혼을 거슬러 싸우는 육체의 정욕을 제어하라 너희가 이방인 중에서 행실을 선하게 가져 너희를 악행한다고 비방하는 자들로 하여금 너희 선한 일을 보고 오시는 날에 하나님께 영광을 돌리게 하려 함이라."벧전 2:11-12 베드로는 그리스도인과 교회를 대적하는 세속에 주목했습니다. 그리고 교회와 성도들에게 예수님에게 배운 대로 십자가의 '선한 싸움'을 싸우라고 권면합니다. 이와 비슷한 권면은 히브리서에서도 발견됩니다. 히브리서의 저자는 믿음의 선진들의 삶을 하나씩 열거하고 그들의 신실한 삶을 이어가야 한다고 강조합니다. 히브리서의 저자는 이렇게 말합니다. 믿음의 사람들, "그들은 믿음으로 나라들을 이기기도 하며 의를 행하기도 하며 약속을 받기도 하며 사자들의 입을 막기도 하며 불의 세력을 멸하기도 하며 칼날을 피하기도 하며 연약한 가운데서 강하게 되기도 하며 전쟁에 용감하게 되어 이방 사람들의 진을 물리치기도 하며 여자들은 자기의 죽은 자들을 부활로 받아들이기도 하며 또 어떤 이들은 더 좋은 부활을 얻고자 하여 심한 고문을 받되 구차히 풀려나기를 원하지 아니하였으며 또 어떤 이들은 조롱과 채찍질뿐 아니라 결박과 옥에 갇히는 시련도 받았으며 돌로 치는 것과 톱으로 켜는 것과 시험과 칼로 죽임을 당하고 양과 염소의 가죽을 입고 유리하여 궁핍과 환난과 학대를 받았으니 (이런 사람은 세상이 감당하지 못하느니라)"히 11:33-38 히브리서 저자의 놀라운 권면은 이렇게 이어집니다. "그들이 광야와 산과 동굴과 토굴에 유리하였느니라."히 11:38 이렇게 사도들은 그들의 시대가 지나고 닥칠 여러 위기를 생각하여 성도들과 교회에 권면하는 말들을 남겼습니다. 그리고 채 20년도 지나지 않아 교회는 실제로 그런 시대에 접어들었습니다.

요한은 사도들과 달리 살아남았습니다.요 21:22 요한은 사도로서 직접 위기 시대를 마주했습니다. 그리고 지도자가 되었습니다. 사도들의 여러 편지와 말씀에 근거해 자기 시대 교회들을 이끌었습니다. 자기 시대 교회들이 직면한 박해의 위기에 더욱 하나로 결속할 중심이 되어 주었습니다. 자기 시대 교회들이 직면한 또 다른 흩어짐의 위기를 극복할 대안의 그루터기가 되어 주었습니다. 자기 시대 교회들이 직면한 무지와 몽매의 위기에 대항하여 분명한 진리와 생명의 길을 열어 주었습니다. 그렇게 요한의 시대에 교회들은 요한을 중심으로 다시 결속할 수 있었습니다. 그들은 위기를 극복할 도구로서 지혜로운 가르침들을 얻을 수 있었습니다. 요한은 모두가 "뽑히고 파괴되며 파멸하고 넘어뜨려진" 시대에렘 1:20 "그루터기" 신앙의 수호자였습니다.사 6:13 그를 통하여 예수 그리스도의 교회와 사도들의 사역은 다음 세대에게 전수되었고 여전한 복음적 영향으로 작용하게 되었습니다.

요한의 길에 서서 드리는 기도
신앙의 위기 시대, 그루터기가 되어 줄 요한 같은 지도자의 출현을 소망합니다.

요한의 교회

1세기 후반에 들어서 교회는 이합집산離合集散의 어려운 현실을 겪고 있었습니다. 바울과 동료 사도들의 신실한 헌신으로 겨우 세워진 교회들은 무너지고 흩어졌습니다. 사라진 곳도 많았습니다. 교회를 유지하기 어려운 시대가 된 것입니다. 교회의 박해와 더불어 많은 성도가 난민처럼 여기저기를 떠돌았습니다. 히브리서 11장의 한 마디, "그들이 광야와 산과 동굴과 토굴에 유리하였느니라"히 11:38라는 표현은 그저 나온 말이 아니었습니다. 많은 그리스도인이 실제로 살던 도시와 마을을 떠나 흩어져야 했습니다. 적지 않은 그리스도인들이 여러 곳을 전전하다가 조용한 산속, 광야에 은거하기 시작했습니다. 마치 16세기 유럽의 이단아 재세례파Anabaptists처럼 그들은 곳곳을 떠돌며, 숨고, 피하는 삶을 살았습니다. 그리스도인의 방랑은 난해하거나 이해하기 어려운 비현실이 아니었습니다. 하늘 아래 머리 둘 곳이 없다고 하셨던 예수님 이래 떠돌고 숨어드는 그리스도인의 모습은 드물지 않은 것이었습니다. 이때 그리스도인들의 유리는 분명한 이유가 있었습니다. 당시 로마 지방정부들 사이에서 그리스도인인 것이 밝혀지면 배교를 의도하여 고문하거나 처형하는 일들이 빈번히 일어난 것입니다. 유대인들의 모함과 의도적인 고발이 한몫했습니다. 결국 그들은 다른 곳으로 피하거나 숨어드는 방식을 취할 수밖에 없었습니다. 그런데 그들은 각자의 숨어든 자리에서 그저 있지 않았습니다. 그들은 옛날 사도들과 제자들의 가르침을 기억했습니다. 바울과 베드로의 편지, 복음서 저자들이 정리한 예수 그리스도의 이야기를 읽고 나누었습니다. 특히 복음서의 이야기들과 바울의 편지들은 위로가 되고 힘이 되었습니다. 그 글들은 그들이 공동체가 어떻게 예배와 예식 가운데 존속해야 하는지, 그리고 삶의 현실에서 직면한 여러 문제를 어떻게 다루어야 할지를 알려주는 기준과 지침서가 되기도 했습니다. 그렇게 각양의 처소에서 그리스도인들은 자기들만의 신앙을 지키며 주님 다시 오실 날을 소망하고 기도했습니다.

그때 요한의 등장은 그리스도인과 교회에게 큰 힘이었습니다. 교회와 그리스도인들은 예수님의 십자가 증인 요한을 중요하게 여겼습니다. 그래서 박해받아 떠돌던 사람들은 요한 주변으로 모여들기 시작했습니다. 그때 요한은 복음에 관한 여러 가지 다양한 관점들, 이야기들, 해석을 마주해야 했습니다. 처음 그는 그 모든 다양한 이야기들을 일일이 직접 상대했습니다. 그리고 사도로서 옳고 그른 것을 구별해 주려 애썼습니다. 그러나 얼마 후 그는 그 방법을 포기했습니다. 그리고 전혀 새로운 방식, 그 만의 방식으로 복음과 교회에 관한 가르침을 풀어가기 시작했습니다. 그는 이단과 사설, 교회 안의 다른 해석들을 개별적으로 상대하기보다 그만의 복음 이야기를 풀어가는 방식을 취했습니다. 그의 노력은 당대 세계 모든 교회를 상대하려는 의도에서 나온 것은 아니었습니다. 그의 노력은 우선 그를 찾아와 그의 목회 사역지 내 교회들에 정착한 사람들, 즉 '아시아의 일곱 교회들과 그 성도들'을 향한 것이었습니다. 요한은 자기 사역 안에 들어와 있는 성도들이 먼저 그가 전하는 예수 그리스도 안에서 하나가 되기를 바랐습니다. 그가 말하는 예수님 이야기는 독특했습니다. 기존의

요한은 에베소 성 밖 아야솔루크 언덕 인근에서 살았다. 사진은 요한이 살았다는 아야솔루크 언덕에 세워진 요한기념교회 입구이다. 이제 유적으로만 남아있지만, 교회로 들어서는 입구가 웬만한 성채보다 거대하다.

마태복음과 마가복음 그리고 누가복음이 말하는 것과는 사뭇 달랐습니다. 순서가 다르기도 하고 말 표현이 다르기도 했습니다. 전혀 들어보지 못한 이야기가 등장하기도 했습니다. 그러나 요한의 복음 이야기는 앞선 공관복음서들이 말하는 정수를 모두 포함하고 있었습니다. 무엇보다 그의 예수님 이야기는 그의 교회들이 위치한 아시아 지역 다양한 계층과 민족, 여러나라 사람들이 듣기에 부족함이 없었습니다. 그가 전하고 가르치는 예수님 이야기는 유대인들이 듣기에도 사마리아 사람들이 듣기에도, 헬라 사람들이나 로마 사람들, 나아가 전혀 생소한 이방 나라 사람들이 듣기에도, 은혜가 되는 하나님의 아들 예수님의 이야기였습니다. 요한은 이제 그의 리더십 아래 들어온 교회와 성도들을 하나로 만들어 가기 시작했습니다.

요한의 의도는 하나였습니다. 예수님도 사도들도 모두 떠난 시대, 이제 그들만 남아 신앙해야 하는 시대, 그런 어려운 시대에 하나된 모습으로 예수 그리스도를 믿고 따르는 것이었습니다. 그는 그래서 이렇게 기도했습니다. "나는 세상에 더 있지 아니하오나 그들은 세상에 있사옵고 나는 아버지께로 가옵나니 거룩하신 아버지여 내게 주신 아버지의 이름으로 그들을 보전하사 우리와 같이 그들도 하나가 되게 하옵소서."요 17:11 이것은 예수님께서 다락방에서 마지막에 제자들을 위해 드린 기도였습니다. 그러나 이 기도는 동시에 요한 자신의 시대에 자신의 성도들과 교회를 향한 기도이기도 했습니다. 그는 예수님과 하나님께서 하나이셨듯, 제자들이 하나였음을 잘 알았습니다. 다락방 교회 이후 그 은혜로운 모습은 흐트러진 적이 없었습니다. 이제 그 하나된 모습은 요한 자신의 공동체들에서도 유지되어야 했습니다. 이제는 늙은 요한은 간절한 마음으로 사역하는 교회들의 하나됨을 위해 기도했습니다.

요한의 길에 서서 드리는 기도
신앙과 교회를 지키기 어려운 시절, 우리가 먼저 예수 고백 안에서 하나 되게 하소서.

거짓 가르침들

1세기 후반기를 넘어가며 교회 안에서 발생한 큰 어려움은 바로 거 짓된 가르침을 전하는 사람들이었습니다. 그들은 그나마 지도자들 의 부재와 로마와 갈등 비화로 힘들어하는 교회 내외에서 신실한 성 도들 사이에 분열을 일으키고 신앙을 무너뜨렸습니다. 당시 교회는 먼저 유대인들의 율법주의와 상대해야 했습니다. 대부분 유대인들 은 그리스도인들과 분리되었지만, 여전히 교회 안에서 주요한 세력 으로 남아 있었습니다. 그들은 '교회 안에서 믿음으로 구원을 얻는다' 라는 생각롬 1:17을 무시하고 그들이 가르치는 율법 준수를 앞세웠습니 다. 물론 교회는 이런 유대교의 생각들을 완전히 무시하지는 않았습 니다. 믿음의 행위도 믿는 것 그 자체만큼이나 중요한 것이었기 때문 입니다. 예수님의 동생 '의로운 야고보'James the Just는 그래서 이렇게 가 르쳤습니다. "너희는 말씀을 행하는 자가 되고 듣기만 하여 자신을 속이는 자가 되지 말라."약 1:22 그런데 이 유대교도들의 생각은 좀처럼 교회 안에서 잠잠해지지 않았습니다. 소위 에비온주의자들the Ebionites 이 등장했습니다. 그들은 예수님께서 다윗의 자손으로 오신 것에 대 해서 인정하면서도 모세와 같은 위대한 선지자의 한 사람이라고만 생각했습니다. 그들은 그래서 예수님께서 바로 하나님이라는 사실은 부정했습니다. 결국 그들은 예수님에게서 다시 정리된 율법적 삶의 완성을 강조했습니다. 그리고 바울과 같은 사도들의 믿음에 관한 가르침을 거부했습니다. 교회 안에서는 에비온주의자들과 반대 생각을 가진 사람들도 등장했습니다. 소위 니골라당the Nicolaitanes, 계 2:6,15이라고 불리는 사람들이었습니다. 그들은 특히 소아시아 여러 이방인들의 교회에서 활동했습니다. 그들은 교회 안에서 유대주의적인 생각 특히 율법주의가 남아 있는 것을 싫어했습니다. 그러나 그들은 결국 그리스도인의 신실하고 도덕적인 삶 자체를 무시하는 방향으로 흘러갔습니다. 그리스도인의 윤리적인 삶을 무시하고 결국 규모 없는 삶을 앞세우는 분파를 만들어냈습니다.

　요한의 공동체는 사도적 권위의 부재와 박해의 조짐 가운데 무너지는 신앙을 지키는 일에 열중했습니다. 그런데 가만히 보니 문제는 교회 안에도 있었습니다. 요한과 지도자들은 에베소의 교회 공동체를 중심으로 교회 안에서 일어나는 잘못된 가르침들에 대응하기 시작했습니다. 그런데 요한 교회들의 걱정은 그보다 심오했습니다. 에비온주의나 니골라당과 같은 거짓된 교사들이 한 가지 사상으로 집중되기 시작한 것입니다. 바로 '원시-영지주의'proto-Gnosticism입니다. 요한이 사역하던 1세기 말에 영지주의는 아직 구체적인 모습을 드러내지 않았습니다. 그러나 그 조짐은 일어나고 있었습니다. 그들은 하나님께서 창조하신 세상을 선과 악의 대등한 힘을 가진 대립적인 존재들의 갈등으로 본다든지, 영의 세계와 물질의 세계로 분리하고서 영의 세계만이 참된 세계라고 생각하는 것, 무엇보다 세상에 오신 예수님께서 진짜 인간으로 오신 것이 아니라는 생각들을 내비치기 시작했습니다. 요한과 교회들은 이런 문제들을 신중하게 생각했습니다. 그들이 보기에 하나님께서 창조하신 세상은 창세기 1장의 표현대로 하나님께서 보시기에 좋은 모습이어야 했습니다. 또, 하나님께서는

초대교회는 대부분 작은 공동체였다. 지도자나 구성원들의 작은 이견은 곧 이단 사설로 발전했다. 초대교회들은 교회내에서 독버섯처럼 자라는 이단 사설 때문에 많이 어려워했다. 사진은 갑바도기아에 남아 있는 작은 동굴교회 유적이다.

물질 세상을 창조하셨고 그 물질 세상에 당신의 선하신 의지와 질서를 담아두셨습니다. 그러니 물질세계는 부정한 것으로 여기고 영의 세계만 추구하는 것은 옳은 것이 아니었습니다. 무엇보다 그들이 보기에 예수님의 문제는 중요한 것이었습니다. 요한의 생각에 예수님은 하나님이셨고, 하나님의 아들 자격으로 이 땅에 오신 분이었습니다. 신이셨지만 온전히 인간이 되셔서 하나님 어린 양의 모습으로 세상 죄를 지고 고난받으셔서 세상을 구원의 길로 인도하신 분이셨습니다. 그런 예수님의 인간됨을 부정하는 것은 반쪽짜리 예수님을 믿는 것이었습니다. 요한과 그의 교회는 그것을 받아들일 수 없었습니다. 이 모든 영지주의적 주장들을 거짓 가르침이라고 보고 그것들로부터 교회를 지키는 일에 최선을 다했습니다.

요한의 가르침은 분명했습니다. 그는 자신이 갈릴리와 사마리아, 유대, 그리고 예루살렘 골고다 십자가에서 본 예수님을 온전히 가르치기 위해 최선을 다했습니다. 그는 교회들에게 이렇게 말했습니다. "미혹하는 자가 세상에 많이 나왔나니 이는 예수 그리스도께서 육체로 오심을 부인하는 자라 이런 자가 미혹하는 자요 적그리스도니 너희는 스스로 삼가 우리가 일한 것을 잃지 말고 오직 온전한 상을 받으라." 요이 1:7-8 요한은 고난받고 핍박당하는 상황에서 오히려 진리 가운데 굳건하게 설 것을 강조합니다. 요한은 자기와 함께 신앙을 지키며 살아가는 교회의 모든 성도가 예수 그리스도를 통해 세상에 드러난 진리 가운데 굳건하기를 바랐습니다. 그런데, 놀라운 일입니다. 과연 그의 교회는 진리 가운데 흔들림 없이 신앙을 지켜나갔습니다. 요한은 기뻤습니다. 그는 이제 교회들에게 그의 기쁨을 전합니다. "내가 내 자녀들이 진리 안에서 행한다 함을 듣는 것보다 더 기쁜 일이 없도다." 요삼 1:4

요한의 길에 서서 드리는 기도
신앙과 교회를 지키기 어려운 시절에 더욱 굳건히 진리 위에 서게 하여 주소서.

사랑을 전하다

 요한의 시대는 무도한 시대가 아니었습니다. 그래서 사람들은 나름 지고至高하고 지순至順한 정신세계를 이야기하고 그것을 실현하기 위해 고귀한 헌신과 실천을 했습니다. 사랑이 그랬습니다. 그리스 사람들은 '사랑'love을 여러 가지 차원으로 표현하고 실천했습니다. 그들에게는 '에로스'eros와 같은 육체적인 사랑도 있었고, '스토르게'storge 같은 마음과 감정을 담아내는 사랑도 있었지만, '아가페'agape라든가 '필리아'philia같은 차원이 높은 사랑도 있었습니다. 아가페는 주로 조건 없는 사랑을 말하는데, 주로 부모의 자식 사랑을 이야기할 때 사용되었습니다. 나중에 아가페는 기독교인들에 의해 하나님의 신적인 사랑으로 더 높여집니다. 한편, 필리아는 가장 수준 높은 인간 사랑, 즉 우정과 충성을 의미하는 것이었습니다. 그리스와 로마 사람들은 이 필리아를 통해 가족과 국가, 공동체의 결속을 다지는 사랑을 논하고는 했습니다. 그 외에도 '필라우티아'philautia 같은 사랑도 있었습니다. 자기 사랑self-love입니다. 이런 사랑은 주로 자기를 사랑하는 일, 자기 욕망과 자기 욕구를 채우고 성취하는 일에 사용되었습니다. 필라우티아와 같은 사랑의 개념을 통해 사람들은 자기만의 비전과 야망을 실현합니다. 또 욕구를 충족하기도 합니다. 자칫 이기적인 사랑이 될 수 있으나 잘만 사용하면 공동체와 세상과 역사에 큰 도움이 되기도 하는 자존감 넘치는 사랑이 될 수도 있습니다. 다니엘이 바벨론의 음식과 문화를 따르지 않고 결핍된 음식을 먹고 더욱 아름답게 된 것은 필라우티아의 바른 예일 것입니다. 그런데 흥미롭게도 초대교회 사람들은 이 필라우티아를 그들이 전하고자 하는 사랑, 즉 아가페와 구별하여 사용했습니다. 디모데후서 3장 2절의 말씀이 그렇습니다. "사람들이 자기를 사랑하며_philautoi_ 돈을 사랑하며 자랑하며 교만하며 비방하며 부모를 거역하며 감사하지 아니하며 거룩하지 아니하며..." 초대교회 사람들의 신앙에 의하면 필라우티아는 말세의 징조 가운데 하나였습니다.

요한은 온갖 거짓 가르침들이 유행하여 교회가 이리저리 갈라지고 분열하는 모습을 보았습니다. 교회를 분열하게 하는 사람들은 각자 자기가 주장하는 바를 옳다고 말하며 교회 안에서 자기가 주장하는 바만 소통하도록 했습니다. 그들에게는 억지 주장은 있으나 사랑의 설득은 없었습니다. 그들에게는 배척하는 분별은 있었으나 품어 하나를 이루는 사랑은 없었습니다. 요한은 자신의 교회 안에 간절한 것은 바로 하나님께서 예수님을 통해 보이신 사랑이라는 것을 깊이 깨달았습니다. 그는 교회 안에서 예수님의 사랑을 말하고 싶었습니다. 그리고 그리스 사람들의 사랑 개념 가운데 하나, '아가페'가 자기가 말하고자 하는 사랑을 표현하기에 적절하다는 것을 알게 되었습니다. 그는 교회 안에 필라우티아가 아닌 아가페가 충만하기를 바랐습니다. 요한은 하나님의 피조물 특히 인간을 향해 내려보내시는 사랑을 그의 교회에게 가르치고 싶어 했습니다. 그 사랑은 말하자면 '내리 사랑'입니다. 그리고 참된 내리사랑은 '치사랑'_손아랫사람이 손윗사람을 사랑하는 것_의 조건을 애써 말하지 않습니다. 상호적이어야 한다고 생각하지 않은 채 내어주고 흘려보내는 사랑, 바로 아가페입니다. 그는 그래서

요한은 고대 에베소가 자리했던 아야솔루크 언덕 인근에서 살았다. 요한기념교회는 그곳에 지어졌다. 요한의 길을 순례하는 토비아 사역자가 아야솔루크 정상에 있는 이슬람 시대 성채로 가고 있다.

이렇게 그의 교회에게 사랑을 가르칩니다. "사랑은 여기 있으니 우리가 하나님을 사랑한 것이 아니요 하나님이 우리를 사랑하사 우리 죄를 속하기 위하여 화목 제물로 그 아들을 보내셨음이라."요일 4:10 교회 가운데 충만해야 하는 것은 하늘 하나님으로부터 예수 그리스도를 통해 우리 인간에게 은혜로 내려진 사랑입니다. 교회는 결국 이 하늘 사랑이 충만하게 될 때 온전한 사랑의 공동체가 될 수 있습니다. 요한은 또 이렇게 말합니다. "사랑하는 자들아 하나님이 이같이 우리를 사랑하셨은즉 우리도 서로 사랑하는 것이 마땅하도다."요일 4:11 요한은 하나님의 아가페 내리사랑이 그의 교회 가운데 서로를 향한 사랑의 방식이 되기를 바랐습니다. 자기를 향한 자아실현의 사랑이 아닌 서로를 온전하게 하는 서로 사랑 말입니다.

사랑을 이야기할 때마다 요한은 자기를 사랑하시되 끝까지 사랑하신 예수님을 떠올렸습니다. 그는 그 시절 보아너게라고 불리는 치기 어린 젊은이였습니다. 그는 늘 예수님의 가르침을 받았지만, 그 가르침을 따라 살지는 않았습니다. 그는 언제나 자기감정이 먼저였고 자기 욕망이 우선이었습니다. 그는 필라우티아, 자기 사랑의 화신이었습니다. 예수님께서는 그런 요한을 늘 품으셨습니다. 아직 어린 요한을 언제나 긍휼히 여기시고 사랑하셨습니다. 그리고 그에게 다른 제자들과 전혀 다른 길을 보이셨습니다. 참사랑을 깨달아 아는 늙은 요한의 길이었습니다. 예수님께서는 베드로와 같은 다른 제자들이 열정적인 선교와 순교의 길로 나아갈 때 그를 숨기셨습니다. 숨겨진 채로 당신 사랑의 참 의미를 알게 하셨습니다. 이제 늙은 사도 요한은 우리에게 사랑의 사도로 불립니다. 그는 에베소에서 자신을 드러낸 이래로 줄곧 사랑의 길을 가며 사랑을 전하는 예수의 사람이 되었습니다.

요한의 길에 서서 드리는 기도

예수님을 통해 드러난 하나님의 사랑, 그 사랑을 알고 따르는 신자가 되게 하소서.

Forty day Meditations for Spiritual Pilgrims

또 다시 잊히다

Forty day Meditations for Spiritual Pilgrims

또 다시 잊히다

큰 박해

베스파시아누스Vespasianus의 통치로부터 시작된 플라비안 왕조Flavian daynasty의 치세는 큰 아들 티투스Titus를 거쳐 둘째 아들 도미티아누스Domitianus로까지 이어졌습니다. 도미티아누스는 주후 81년 황제의 자리에 올라 주후 96년까지 로마 제국을 다스렸습니다. 이 시기는 요한이 재등장해 디모데나 오네시모와 함께 에베소에서 사역하며 아시아 여러 곳에 그의 공동체를 꾸리던 시절과 일치합니다. 도미티아누스는 자기 환상에 빠져 나라를 다스린 황제였습니다. 그는 유래 없는 방식으로 나라를 다루다 못해 제국 전체를 공포에 몰아넣더니 결국 암살당하고 말았습니다. 그래서 도미티아누스는 그 허무한 암살 후에 '기록말살형'記錄抹殺刑, Damnatio memoriae을 받았습니다. 그가 저지른 것은 잘한 것이든 잘못한 것이든 원래대로 복구되었습니다. 황제의 자리까지 오른 사람 처지에서는 치욕스러운 것이었습니다. 그러나 그가 죽기까지 제국은 혼란스러웠고 많은 이들이 그의 압제 가운데 신음해야 했습니다. 그의 과도한 통치에는 종교적인 문제도 있었습니다. 그는 일단 로마 제국의 공식적인 신 목록에 포함된 숭배와 로마 제국이 인정한 종교 외에는 불법이라고 못 박았습니다. 그런데 문제는 황제 숭배였습니다. 로마 역사가 수에토니우스Suetonius에 의하면 그는 황제 숭배를 강화했습니다. 일반적으로 황제 숭배는 해당 황제 사후에 원로원의 의결로 이루어지는 것이 관례였습니다. 그런데 도미티아누스는 그렇게 하지 않았습니다. 그는 먼저 자기 아버지와 형을 신격화 하고서 그들의 이름을 로마가 숭배하는 신들의 목록에 포함한 뒤 그들을 위한 신전을 제국 곳곳에 세웠습니다. 이어서 그는 스스로를 '주님이며 하나님'*dominus et deus*이라고 칭하기 시작했습니다. 그리고 로마 사람들에게 공공연히 그 호칭을 사용하게 했습니다. 단, 그는 자기 신전은 스스로 만들지 않았습니다. 그런데 문제는 그에게 아부하는 로마의 도시들이었습니다. 그들은 생존해 있는 도미티아누스 신전을 그들 도시에 세웠습니다. 에베소가 그랬습니다.

에베소는 오래전부터 로마 제국의 적극적인 지지자였습니다. 첫 황제 아우구스투스*Augustus*가 반대자 안토니우스*Anthonius*와 클레오파트라*Cleopatra* 편에 섰던 그들을 관대하게 용서한 후 도시는 로마 황제가 벌이는 일이면 무엇이든, 언제든 적극적인 지지자로 나섰습니다. 그렇게 도미티아누스 시절이 되자 에베소는 더욱 적극적으로 황제의 편에 섰습니다. 그들은 자기들을 도미티아누스의 열렬한 지지자로 선언하고 아직 살아있는 황제의 신전을 만들었습니다. 그런데 그들의 도미티아누스 신전 세우기는 조금 과도합니다. 이미 세워져 있던 베스파시아누스 황제의 신전 자리를 그의 아들 도미티아누스 황제 신전으로 대체해 버린 것입니다. 어쨌든 도시의 통치자들은 에베소의 쿠레테스*Curetes* 거리 중심에 있는 황제 신전을 적극 활용했습니다. 도시민들은 가능한 황제 신전에 가서 참배하고 그 증서를 받도록 했습니다. 도미티아누스가 새롭게 한 종교법에 의하면 로마 정부가 공식화한 신들의 신전 어느 곳에서나 참배하면 되었지만, 에베소는 그 정도에서 멈추지 않았습니다. 그들은 그들의 주신 아르테미스 신전에서 참배했더라도 황제 도미티아누스의 신전에 가서 다시 참배하도

네로의 박해가 심하기는 했지만, 본격적인 기독교 신앙에 대한 박해는 도미티아누스 시절에 시작되었다. 사진은 에베소 쿠레테스 거리 중간에 있는 도미티아누스 황제 신전이다. 원래 아버지 베스파시아누스를 기념하는 신전이었으나 도미티아누스 생전에 바뀌었다.

록 강요했습니다. 특히 신전에서 황제를 향해 '주님이며 하나님'이라고 고백하게 하기도 했습니다. 이것은 그리스도인에게 심각한 문제였습니다. 그들은 예루살렘이 파괴되고 난 후 유대교의 일파로 머무를 수도 없게 되었습니다. 그리스도인들은 '무신론자'가 되어버렸습니다. 통치자들은 당연히 그리스도인들을 데려다 황제 신상 앞에서 '주님이며 하나님'이라고 고백하게 하는 일에 열을 냈습니다. 그리고 참배하지 않는 그리스도인들을 박해하기 시작했습니다. 에베소의 경우 도미티아누스 신전에 참배하지 않는 그리스도인들에 대한 박해가 심해지기 시작했습니다. 그러나 그리스도인들은 로마와 에베소 통치자들의 그 불의한 명령을 따를 수 없었습니다.

많은 그리스도인과 지도자들이 체포되었습니다. 체포되어 고난 당하지 않으려면 멀리 도망해야 했습니다. 에베소의 교회와 그리스도인들은 그 옛날 다니엘이 예언한 그 일들이 그들에게 일어나고 있음을 깨달았습니다. 다니엘은 "세상의 군주가 일어나 하나님을 대적하고 그리고 하나님을 예배하는 일과 그 예배드리는 자리를 헐어내리라"고 예언했습니다. 다니엘은 그 세상의 군주가 "진리를 땅에 던지며 자의로 행하여 형통"하게 될 것이라고 예언했습니다.^{단 8:11-12} 그리고 그 일은 실제로 요한의 시대에 에베소와 아시아를 비롯한 여러 로마의 도시들에서 벌어졌습니다. 이제 세상은 조직적으로 그리고 체계적으로 교회와 그리스도인들을 어렵게 만들고 있습니다. 그들이 헛된 종교에 빠져 있으면서 참된 진리와 생명 가운데 있는 예수 그리스도의 교회와 그 성도들을 핍박하고 있습니다. 요한과 에베소 교회 그리고 성도들은 전례가 없는 어려움과 시련에 직면하게 되었습니다.

요한의 길에 서서 드리는 기도
예수님을 통해 드러난 하나님의 사랑, 그 사랑을 알고 따르는 신자가 되게 하소서.

고난당하는 요한

에베소는 처음 도시가 만들어진 이래로 두어 차례 장소를 옮기다가 결국 지금 피온 산Pion Mountain 아래에 자리 잡게 되었습니다. 원래는 아야솔루크Ayasoluk라는 언덕 아래 유명한 아르테미스 신전이 위치한 곳에 도시가 있었습니다. 그런데 인근 카이스테르 강Cayster river의 퇴적물이 과도하게 쌓이고 벌레들과 전염병이 돌게 되면서 도시로 유지하기도 어렵게 되어 더 하류 쪽으로 자리를 옮기게 된 것입니다. 도시를 옮긴 사람은 알렉산더 휘하의 장군이었고, 후에 여러 다른 장군들과 경쟁을 벌인 리시마쿠스Lysimachus였습니다. 그는 도시를 새롭게 건설하면서 먼저 남쪽 언덕에 상부도시the upper city를 두고 거기에 도시의 행정적이고 공적인 기능을 담당하는 여러 건물과 시설을 만들어 두었습니다. 유명한 아르테미스 신전 외에도 또 다른 아르테미스 신전이 이곳에 위치했습니다. 그는 이어서 상부도시와 하부도시를 연결하는 쿠레테스Curetes라고 불리는 도로를 만들어 두었습니다. 그리고 마지막에, 그 쿠레테스 거리를 타고 내려간 자리에 상업활동을 겸한 큰 아고라와 교육을 위한 김나지움 그리고 거대한 극장 및 유락시설을 포함하는 하부도시the lower city를 두었습니다. 이 하부도시로부터 뻗은 큰 도로를 따라 가면 거기에 잘 정비된 에베소 항구가 있었습니다. 에베소 사람들은 무엇보다 쿠레테스 거리를 사랑했습니다. 아르테미스 여신을 기리는 축제가 열리면 순백의 제의를 걸친 여사제들은 멋진 음악과 함께 쿠레테스 거리를 꽃을 뿌리며 행진했습니다. 많은 사람들이 각자 가면을 쓰고 나와 여사제들의 행진에 열광하며 신나는 축제를 벌였습니다. 도로 양편 고급스러운 상점들과 그 위 테라스를 갖춘 집들에서는 사람들이 환호하며 축제 분위기를 한껏 돋우었습니다. 축제의 행진은 때로 쿠레테스 거리 가운데 도미티아누스 황제 신전이 위치한 곳 작은 광장에서 또 다른 퍼포먼스를 펼치기도 했습니다. 사람들은 거기 도미티아누스 황제 신상이 내려다보는 곳에서 즐거운 시간을 가졌습니다.

도미티아누스가 죽고 네르바Nerva 황제가 다스리던 시절, 디모데는 같은 축제가 한창이던 때, 이 쿠레데스 거리에 서 있었습니다. 디모데는 이 허무한 아르테미스 숭배의식을 참담한 심정으로 바라보다가 곧 담대하게 거리 한가운데로 들어가 그 축제를 비판했습니다. 그가 보기에 아르테미스 축제의 기쁨은 예수 그리스도의 십자가 구원을 경배하는 기쁨으로 바뀌어야 했습니다. 그러나 사람들은 그의 비판을 받아들이는 대신 디모데에게 돌을 던지기 시작했습니다. 디모데는 거기서 그렇게 순교했습니다. 이런 비슷한 일은 후일 황제 트라야누스Trajanus 시절 오네시모에게도 일어났습니다. 오네시모는 디모데가 떠난 자리, 요한도 죽고 없는 에베소 교회 지도자의 자리를 끝까지 지킨 사람이었습니다. 안타깝게도 에베소 사람들은 오네시모의 시절에도 회개하지 않고 아르테미스 신을 숭배하고 축제하는 일을 그치지 않았습니다. 오네시모도 담대하게 도시의 영적 병폐를 질책했습니다. 그리고 그 역시 에베소의 거리에서 순교하고 말았습니다. 사도 요한도 디모데와 오네시모와 비슷한 시대에 고난당했습니다. 전설에 의하면 늙은 요한은 에베소 북쪽 문에서 아르테미스 신전

에베소에는 유독 로마황제를 숭배하는 건축물들이 많았다. 사진은 쿠레테스 거리에 남아 있는 하드리아누스 황제 신전이다. 하드리아누스를 비롯한 황제들은 모두 사후에 신전이 세워졌다. 그러나 도미티아누스 만큼은 살아생전 자기 신전을 지었다.

으로 이어지는 소위 '성스러운 길'the sacred way 근처에 앉아 있었습니다. 로마 병사들은 추레한 모습의 그에게 혹시 요한이라는 사람을 본 적이 있느냐고 물었습니다. 그때 요한은 엉거주춤한 자세로 일어서면서 자기가 바로 요한이라고 대답했습니다. 로마병사들은 힘없는 노인 요한을 잡아갔습니다. 그리고 기독교 신앙을 버리고 황제 신상에 절하라고 강요했습니다. 요한은 받아들이지 않았습니다. 그러자 박해자들은 그를 기름이 끓는 솥에 던져 넣었습니다. 그런데 그는 죽지 않았습니다. 그는 산 채로 가마에서 나왔습니다. 로마의 통치자들은 놀랐습니다. 그를 죽일 수는 없으리라 생각했습니다. 그들은 결국 그에게 다른 형벌을 판결해야 했습니다. 요한은 그렇게 순교할 뻔했으나 죽지 않았고 그의 사명의 길을 계속 걸어갔습니다.

요한을 비롯한 디모데와 오네시모 그리고 에베소 및 여러 교회의 성도들은 시간이 흐를수록 세상이 그들을 미워한다는 것을 깨닫게 되었습니다. 그들은 자기들을 비롯한 무수히 많은 열정적인 전도자들을 통해 많은 사람이 세상으로부터 나와 예수 그리스도의 교회로 돌아오는 것을 보았습니다. 그런데 그렇게 회복과 부흥이 크게 일어날수록 세상은 그들을 더욱 미워하고 세상의 박해는 점점 더 심해져 갔습니다. 요한 스스로도 박해를 받으며 비슷한 생각을 했습니다. 그는 그와 동료들이 전하는 예수 그리스도의 복음이 세상을 위해 유익한 것이라고 확신했습니다. 그러나 세상은 그렇게 생각하지 않았습니다. 그때 요한은 그 옛날 다락방에서 예수님께서 하신 말씀을 떠올렸습니다. 그때 예수님께서는 이렇게 말씀하셨습니다. "세상이 너희를 미워하면 너희보다 먼저 나를 미워한 줄을 알라."요 15:18 고난 가운데 있는 요한은 예수님께서 말씀하신 신앙의 현실을 온 몸으로 느끼고 경험했습니다.

요한의 길에 서서 드리는 기도

주님을 따르는 사이 세상은 멀어져만 갑니다. 세상의 반대와 미움에도 흔들리지 않게 하소서.

밧모에 유배되다

밧모Patmos는 에게해 도데카니스 제도Dodecanese Islands에 속해 있는 작은 섬입니다. 도데카니스 제도는 섬 군락으로 열두 개의 섬으로 이루어져 있습니다. 그리스보다는 주로 튀르키예에 가까이 있으며 튀르키예 남서부 해안에 넓게 펼쳐져 있습니다. 물론 도데카니스 제도와 그 모든 섬은 다른 에게해의 섬들과 마찬가지로 모두 그리스령으로 되어 있습니다. 덕분에 밧모는 튀르키예에서도, 그리스에서도 가기 어려운 섬이 되어버렸습니다. 가장 큰 섬은 예로부터 태양신 헬리오스Helios의 거상colossus으로 유명한 로도스Rhodes인데, 그 외 군소 섬들은 잘 알려지지 않았습니다. 그 가운데 밧모는 도데카니스 제도의 북쪽 끝에 위치한 더욱 작은 섬입니다. 너무 작고 알려지지 않아 밧모에 대해서는 이런 설화가 전해지고 있습니다. 밧모는 원래 바다 바다에 가라앉아 있던 섬이었습니다. 그때 아르테미스 여신은 밧모 섬 건너편 튀르키예 본토의 카리아Caria라는 곳에 있는 신전에 가끔 들렀는데, 거기서 아르테미스는 달의 여신 셀레네Selene를 만났습니다. 셀레네는 아르테미스에게 바다 속에 가라앉은 채로 있는 불쌍한 밧모 섬을 비춰주면서 떠오를 수 있도록 선처를 부탁했습니다. 셀레네는 바다 속에 가라앉아 있는 채 신들과 사람들에게 잊힌 존재가 되어버린 밧모를 불쌍하게 여겨왔습니다. 그래서 자기보다 힘이 있는 아르테미스에게 섬이 수면 위에 올라올 수 있도록 조치해달라고 부탁한 것입니다. 아르테미스는 셀레네의 계속되는 부탁에 마음을 열었습니다. 그녀는 그녀의 형제 아폴론과 함께 신들의 왕 제우스에게 섬을 솟아오르게 해 달라고 부탁했습니다. 제우스는 그녀와 아폴론의 부탁에 동의했습니다. 그리고 밧모가 수면 위로 떠오를 수 있게 했습니다. 섬에는 곧 해가 들고 땅이 말랐습니다. 온갖 생명이 깃들고 마침내 사람들도 들어와 살게 되었습니다. 그렇게 잊혔던 작은 섬은 사람들 사이에서는 밧모라는 이름으로도 불리고 아르테미스를 기린다는 의미로 레토이스_{Letois}라고도 불리게 되었습니다.

끓는 기름 가마에서 살아나온 요한은 곧 유배형이 결정되었습니다. 그의 유배지는 밧모섬이었습니다. 밧모는 사실 아무것도 없는 섬이었습니다. 스파르타 계열의 도리아인들이 들어와 살았고 이후 아테네 계열의 이오니아 사람들도 들어와 살았지만 무엇을 알리기에는 너무나 작고 초라한 섬이었습니다. 그래서 통치자들에게 이 섬은 유배지로 지목되었습니다. 특히 도미티아누스 황제는 자기에게 반대하는 사람들 가운데 일부를 이 밧모를 비롯한 에게해의 여러 섬에 유배했습니다. 밧모 섬에는 소수의 사람이 사는 항구 외에 섬에서 가장 높은 산 위에 경계와 방어를 위한 요새가 있었습니다. 오늘날 스칼라_{Skala}라고 불리는 항구와 그리고 요한 수도원이 있는 코라_{Chora}라고 불리는 곳들입니다. 그 외에 섬에는 이렇다 할 것들이 없었습니다. 도미티아누스는 이런 외지고 모진 곳에 사람들을 유배하고서 죽을 때까지 돌을 캐는 일을 시켰습니다. 그리고 유배된 사람들이 세상과 사람들로부터 잊히도록 만들었습니다. 실제로 그랬습니다. 이름도 잘 알려지지 않은 섬 밧모에 유배온 사람들은 곧 세상으로부터 그리고 사람들로부터 잊혔습니다. 마치 소설 『몬테크리스토 백작』_{The Count of}

밧모 섬은 상부도시 코라와 항구도시 스칼라로 구분된다. 사진은 상부도시 코라에서 바라본 하부 항구도시 스칼라의 전경이다. 요한도 저 항구를 통해 밧모로 들어왔다.

Monte Cristo의 주인공 에드몽 당테스Edmond Dantès가 지중해 한가운데 아무도 모르는 '이프 성채'the Château d'If에 갇혀 십수 년 세월을 보낸 것처럼 밧모 섬에 유배된 사람들도 누구도 알지 못하는 세월을 잊힌 채 보내다 사그라졌습니다. 요한 역시 마찬가지였습니다. 황제 신상에 절하지 않고 로마 신들에게 경배하지 않았던 요한은 도미티아누스 황제와 에베소의 통치자들에게 의해 '망각의 벌'을 받았습니다. 그는 밧모 섬 중턱 오늘날 '계시동굴'the Cave of the Apocalypse로 알려진 후미진 곳에서 지내며 세상과 교회, 동료들로부터도 잊힌 존재가 될 운명이 되어버렸습니다. 어렵게 자리 잡은 그의 사도 사역은 무너지게 되었고, 그의 위치는 망각의 위기에 놓였습니다. 그는 밧모 섬의 원래 모습처럼 바다 한가운데 침잠해 버렸습니다.

요한으로서는 받아들이기 어려운 일이었습니다. 그는 예수님께서 처음 예루살렘 교회가 자리 잡고 선교적 사역이 궤도에 오르기까지 공동체의 중심에 서 있었습니다. 그러다 교회가 박해 가운데 흩어지게 되고 사도들과 제자들이 여러 다양한 지경으로 나아가게 될 즈음 역사에서 사라져 있었습니다. 어머니 마리아를 봉양한다는 명분이 있기는 했지만, 사도의 한사람으로서 요한에게는 안타까운 시간이었습니다. 그러나 예수님께서는 그리고 성령께서는 요한에게 특별한 사명이 있음을 알게 하셨습니다. 베드로와 바울을 비롯한 사도들과 그의 동역자 제자들이 순교하고 자연사하는 가운데, 교회의 지도자들이 결핍되어 가던 시점에, 그리고 새로운 교회의 세기를 열어야 할 즈음에, 에베소에서 그 모든 일들을 하게 하신 것입니다. 그런데 그것도 잠시, 그는 다시 잊힌 존재가 되어야 했습니다. 그의 교회들이 어느 정도 자리 잡았다 싶을 때 그는 밧모로 유배되어 세상으로부터, 그리고 교회로부터 다시 잊힌 존재가 되었습니다.

요한의 길에 서서 드리는 기도

받아들이기 어려운 시간 속에서, 하나님의 뜻을 알게 하시고 보게 하시고 깨닫게 하소서.

유배지의 예수님

　　노벨상을 받은 헨리크 시엔키에비치Henryk Sienkiewicz의 빛나는 소설
『쿠오 바디스』Quo Vadis에서 사도 베드로는 대화재 이후 황제 네로가
그리스도인들을 방화범으로 몰아 잡아들인다는 소식을 듣고 황급히
로마를 떠납니다. 그런데 그 길에서 베드로는 자기와 반대로 로마를
향해 가는 예수님과 재회하게 됩니다. 그때 베드로는 예수님께 물었
습니다. "주님 어디로 가십니까?"Quo vadis, Domine? 예수님께서는 베드로
에게 이렇게 대답하셨습니다. "십자가에 다시 달리기 위해 로마로 간
다."Romam eo iterum crucifigi. 베드로는 예수님의 그 이야기를 듣고 다시 로
마로 돌아갑니다. 그리고 바티칸 언덕에서 십자가에 거꾸로 달려 순
교합니다. 사실 이 이야기는 2세기에 작성된 외경 『베드로의 묵시록』
The apocryphal Acts of Peter에 기록된 것이 먼저입니다. 이 이야기에서 베드
로는 빛이 될 수도 있었던 결정적인 순간에 그 자리를 벗어납니다.
그런데 그때 그에게 예수님께서 나타나서서 그가 감당해야 할 십자
가를 끝까지 성취할 것을 격려하십니다. 결국 베드로는 예수님의 말
씀에 힘입어 예수님께서 오래전 자신에게 하신 말씀과 같이 자기 십
자가를 온전히 감당하게 됩니다.요 21:18-19 기독교 전승에 따르면 이런
일은 사도 빌립에게도 있었습니다. 외경 『빌립행전』the Act of Philip에 따
르면 빌립은 친구 바돌로매 그리고 여동생 미리암과 함께 리쿠스 계

곡의 히에라볼리에서 복음을 전합니다. 그리고 그는 그곳에서 십자가에 달려 순교하게 됩니다. 빌립은 십자가에서 그를 고통에 빠뜨린 히에라볼리 사람들에게 저주와 욕설을 퍼부었습니다. 같이 십자가에 달린 바돌로매나, 에베소에서 온 사도 요한이 말려도 소용이 없었습니다. 그때 예수님께서 흥분한 빌립에게 나타나셨습니다. 그리고 빌립에게 십자가의 도리를 완성하라고 격려하십니다. 결국 빌립은 예수님의 현현과 말씀에 힘입어 십자가 죽음을 온전히 감당합니다.

요한 역시 그의 마지막 십자가 자리라고 할 만한 밧모섬에서 예수님을 만났습니다. 그는 섬에서 성령에 감동되어 나팔소리와 같은 큰 음성을 듣게 됩니다.계 1:10 그 목소리는 이렇게 외쳤습니다. "네가 보는 것을 두루마리에 써서 에베소, 서머나, 버가모, 두아디라, 사데, 빌라델비아, 그리고 라오디게아 일곱 교회에 보내라."계 1:11 요한은 목소리가 나는 곳으로 얼굴과 몸을 돌렸습니다. 그리고 거기 음성이 들리는 방향에 있는 일곱 금 촛대를 보았습니다. 그는 그 촛대 사이로 어렴풋이 보이는 한 사람을 보았습니다. "인자와 같은 이"였습니다.계 1:13 그분은 바로 예수님이셨습니다. 그런데 예수님의 모습이 이상했습니다. 그가 젊은 시절 갈릴리를 다니며 보았던 예수님이 분명한데, 분위기는 달랐습니다. 예수님께서는 발에 끌리는 긴 옷을 입고 계셨고 가슴에 금띠를 두르고 계셨습니다. 예수님의 모습은 밝게 그리고 하얗게 빛났습니다. 마치 순백의 어린 양과 같았습니다. 그렇게 순백으로 밝히 빛나는 모습의 예수님은 변화산에서 그리고 부활하신 때 보았던 이후 처음이었습니다. 그런데 지금 요한 앞에 나타난 예수님은 불꽃 같은 눈과 단단하게 선 두 발, 그리고 맑고 우렁찬 목소리의 소유자였습니다. 얼굴은 해 같이 빛났고 말씀하실 때마다 좌우에 날이 선 검이 튀어나왔습니다.계 1:13-16 예수님께서는 지금 그렇게 빛나고

요한은 상부도시 코라로 가는 길 한쪽 작은 동굴에 기거하며 노역에 동원되었다. 사진은 요한
이 기거하면서 계시를 받은 요한의 계시 동굴 내부 전경이다. 어렵게 사진 촬영에 성공했다.

화려하여 장대한 모습으로 요한 앞에 서서 그가 보게 되는 것을 두루
마리에 적어 소아시아 일곱 교회에게 보내라고 말씀하고 계십니다.
요한으로서는 이해할 수가 없었습니다. 요한은 이제 이 밧모 섬에서
노역하며 살다가 죽을 운명이었습니다. 그는 세상과 교회와 동료들

에게서 잊히기로 한 몸이었습니다. 예수님께서 말씀하신 대로 그가 보는 것을 기록으로 남긴다 해도 그것을 교회들에게 전할 방법이 없었습니다. 그의 사명과 사역은 끝났고 그의 생명도 끝났으며 그는 이제 죽기만 기다리고 있었습니다. 그런데 예수님께서는 그에게 새로운 사명을 내려주신 것입니다.

예수님께서는 요한의 사명이 아직 남았음을 일깨우셨습니다. 요한의 이런 모습은 구약성경의 선지자 엘리야를 떠오르게 합니다. 엘리야는 바알과 아세라 선지자들과 영적 싸움에서 승리한 뒤 이스라엘 땅에 비가 내리도록 했습니다. 그는 담대한 기세로 이스르엘 골짜기를 아합의 전차보다 빠르게 뛰었습니다. 그런데 담대했던 기세와 달리 그는 이세벨이 그의 목숨을 노린다는 이야기를 듣자 도망쳤습니다. 그는 남방 브엘세바로부터 하룻길 광야로 들어가 거기 로뎀나무 아래에 머리를 처박았습니다. 엘리야는 거기가 그가 죽을 자리라고 생각했습니다. 그러나 거기는 그의 끝이 아니었습니다. 그에게는 아직 할 일이 남았습니다. 엘리야는 그렇게 하나님께 이끌려 호렙산으로 갔습니다.왕상 19:3-10 마치 엘리야와 같이, 요한도 밧모 섬의 한 쪽 작은 동굴로 갔습니다. 그리고 거기서 예수님께서 그에게 보이실 것들을 기다렸습니다. 밧모 섬의 요한은 자기 길의 새로운 국면을 걷기 시작했습니다.

요한의 길에 서서 드리는 기도

모든 것이 끝났다 여기는 자리에 오신 예수님, 다시 고개 숙여 주시는 사명을 기다립니다.

끝이 아니다

　　초대교회 사람들은 로마와 황제를 두려워했습니다. 그들은 네로 시대에 황제가 벌이는 잔인하고 무도한 칼춤을 경험했습니다. 그래서 그들은 네로와 같은 왕이 세상에 다시 나타나는 일이 없기만을 바랐습니다. 사실 로마 사람들 몇몇은 폭군 황제 네로Nero가 죽지 않았다고 생각했습니다. 그들은 네로 황제가 죽지 않고 페르시아로 도망쳐 거기서 재기의 때를 보고 있다고 생각했습니다. 그들은 네로 황제가 페르시아의 모처에서 미지의 강력한 군대를 양성해 로마 제국으로 쳐들어올 것이고 로마를 다시 자기 발아래 둘 것이라고 말했습니다. 그리스도인들에게 이런 소문은 그 자체로 공포였습니다. 그리스도인들은 네로가 부활하게 되면 자기들을 가만히 두지 않으리라 생각했습니다. 그들은 주 예수 그리스도, "그 이름을 위하여 당하는 고난"이 다시 닥쳐올지 모른다는 불안감에 떨었습니다.벧전 4:16 당시 그리스도인들은 하나님의 아들 예수 그리스도의 재림과 통치가 아닌, 세상 악한 왕의 통치로 그들의 끝을 마주하게 될 것을 염려했습니다. 당대 그리스도인들은 조너선 스위프트Jonathan Swift의 소설 『걸리버 여행기』Gulliver's Travels에 등장하는 소인국 릴리퍼트Lilliput 사람들이 거인 걸리버에게서 느낀 공포처럼, 로마 제국과 황제가 그들 삶의 시작과 끝을 좌우할 수 있다는 것에 두려워 몸서리쳤습니다. 그런데 도미티아누스 황제는 스스로가 바로 걸리버와 같은 존재임을 세상에 보였습니다. 황제와 그의 대리 통치자들은 자기들이 가진 지위와 힘을 이용해 사람들을 함부로 했습니다. 그들은 '자기들의 통치 아래 모든 사람의 죽는 날짜와 태어나는 날, 즉 시작과 끝을 마음대로 할 수 있다'라고 생각했습니다. 그들은 그렇게 사람들을 가두기도 하고 멀리 유배를 보내기도 하고, 그리고 죽이기도 하며 사람들 인생의 처음과 끝을 자기들 것으로 삼았습니다. 도미티아누스와 그 동조자들은 스스로를 세상의 처음과 끝이라도 되는 것처럼 당대 세상과 사람들을 지배하고 다스렸습니다.

요한은 밧모 섬에서 지금 예수님이 아니라 로마 황제가 자기 인생의 시작과 끝이라는 명백한 현실을 경험하고 있습니다. 황제는 밧모 섬에 유배하여 고립시키는 방식으로 사도 요한의 인생을 끝장냈습니다. 늙은 요한의 목숨은 이제 황제의 말 한마디에 완전히 끝이 나버릴 수도 있고 다시 시작할 수도 있게 되었습니다. 그는 자기 생명줄을 쥐고 흔드는 황제의 발아래 신음하며 매일 그 황제가 시키는 노동을 감당하고 있었습니다. 그런데 그때 예수님께서 그의 앞에 나타나셨습니다. 요한은 자기 앞에 나타난 예수님께서 이전과 비교할 수 없는 영화로운 모습이신 것을 보았습니다. 세상 어떤 왕들과 비교해도 부족함이 없는 권세자의 모습이었습니다. 아니 세상 모든 왕들이 가진 힘과 권세를 압도하는 강력함이 엿보이는 그런 모습이었습니다. 요한은 자기 앞에 나타나신 예수님에게서 사랑보다는 두려움을 느꼈습니다. 그는 이전 최후의 만찬에서처럼 예수님께 쉽게 기댈 수 없음을 깨달았습니다. 요한은 결국 예수님 발아래 엎드려 죽은 것 같이 가만히 있었습니다. 그때 예수님께서 요한에게 손을 얹고 이렇게 말씀하셨습니다. "두려워하지 말라 나는 처음이요 마지막이라."I am the

밧모 섬 상부도시 코라에는 유서 깊은 요한수도원이 자리하고 있다. 이 요한이 유배된 섬으로 알려진 이후, 전 세계에서 수도자들이 이곳으로 왔다. 그리고 수도원을 세워 신앙훈련에 매진했다. 사진은 아래로 상부도시 코라를 두고 우뚝 선 요한수도원 전경이다.

first and the last, 계 1:17 예수님께서 말씀하신 처음은 모든 처음보다 앞선 '처음'*protos*을 말씀하시는 것이었습니다. 예수님의 마지막은 모든 마지막보다 끝에 이루어지는 '마지막'*eschatos*이었습니다. 예수님의 한마디 말씀은 요한에게 큰 힘이 되었습니다. 그는 그때까지 자기 삶과 사역의 시작과 끝을 세상의 왕 도미티아누스가 쥐고 있다고 생각하고 밧모 섬에서 패배감으로 낙담하고 있었습니다. 그런데 그가 경험하는 그 끝은 전부가 아니었습니다. 진정한 시작과 끝은 오래전 이미 이사야 선지자가 말한 것처럼 이 세상을 창조하신 분, 하나님에게 있었습니다.사 48:12-13 예수님께서는 그 명백한 사실을 요한에게 알려주고 계십니다. 도미티아누스 같은 세상의 왕들이 끝이라고 선언하는 것은 아무런 의미나 효력이 없음을 요한은 깨닫게 되었습니다.

세상 그 누구도 시간의 처음과 끝을 완벽하게 주관할 수 없습니다. 그들이 말하는 처음은 진정한 처음이 아니며 그들이 말하는 끝도 진정한 끝이 아닙니다. 진정한 처음과 끝을 선언하실 수 있는 분은 하나님이십니다. 마찬가지로 진정한 끝을 말씀하실 수 있는 분도 하나님이십니다. 그 외의 그 어떤 존재도 처음은 처음이라 할 수 없으며 끝도 끝이라 할 수 없습니다. 지혜로운 욥은 이 분명한 사실 앞에서 이렇게 고백합니다. "주신 이도 여호와시요 거두신 이도 여호와시오니 여호와의 이름이 찬송을 받으실지니이다."욥 1:21 요한은 막장과 같은 밧모에서 예수님의 현현을 마주하는 가운데 자기에게 주어진 사도의 길이 아직 끝이 아니라는 것, 거기에는 새로운 시작이 있다는 것을 깨달았습니다. 예수님께서 말씀하시는 처음과 끝은 요한의 길을 위한 위로의 전언을 넘어섭니다. 그것은 우주 만물의 처음과 끝을 주관하시는 하나님의 세상 권세를 향한 선언이기도 합니다.

요한의 길에 서서 드리는 기도
처음과 끝의 진정한 주관자 하나님께 우리의 길을 의탁합니다. 주님, 인도하소서.

하나님 백성의 미래

    교회를 향한 로마의 박해는 교묘한 것이었습니다. 그들은 한편으로 합리를 지향해 애꿎은 로마 시민과 사람들이 어려움을 겪도록 하지 않겠다는 자세를 가졌지만, 다른 한편 그들은 교회와 그리스도인들을 무신론자로 여겨 멸시하고 조롱하면서 가능한 그들을 진멸하려는 분명한 의도가 있었습니다. 로마는 기본적으로 예수님을 머리로 삼아 '한 몸'을 이루고 '공동체'를 이루는 그리스도인들 삶의 방식이 마음에 들지 않았습니다._{고전 12:12, 엡 1:21-23} 그들은 그리스도인들의 예수 중심 공동체가 자기들 로마식 공동체 삶과 거리를 두고 자기들만의 세상과 나라를 세우려는 의도를 갖는 것이라 여겼습니다. 그들은 무엇보다 하나님의 아들 예수 그리스도만을 신으로 인정하고 예배하는 그리스도인들을 이해할 수 없었습니다. 또 그 신이 죽었다는 것, 그리고 부활했다는 것과 다시 오리라는 것 등의 모든 이야기를 받아들이기 어려웠습니다. 거기에 더하여 로마인들 사이에는 그리스도인들이 정기적으로 수행하는 '성찬예식'에서 인육을 먹는다는 소문이 돌았습니다. 그들은 기독교가 타락한 종교라고 비난했습니다. 한마디로 1세기 후반에서 2세기로 넘어서는 시대에 기독교는 로마인들 사이에서 점점 무시당하고 미움 받았습니다. 상식적인 로마인들은 기독교인들과 함께하려 하지 않았습니다. 사실, 로마인들의 기독교에 대한 부정적인 반응은 유대인들의 역할도 컸습니다. 그들은 기독교가 더이상 그들 유대교와 같은 것이 아니라고 생각한 이래 기독교를 그들부류에서 밀어내기 시작했습니다. 무엇보다 그들은 주후 70년까지치러진 '유다전쟁'First Jewish-Roman War으로 로마사회에 불기 시작한 반유대 정서를 모면하기 위해 그리스도인들을 이용하기도 했습니다. 로마인들의 반유대적 감정의 화살을 그리스도인들에게 돌린 것입니다. 결국 이런 현실은 그리스도인들의 로마 제국 내 삶을 힘들고 어렵게 만들었습니다. 신실한 그리스도인들은 하나님의 구원을 소망하며 예수님의 재림이 언제쯤일지 궁금해 하기도 했습니다.

세상과 로마가 자신들을 미워하고 자기들을 멸하려 한다는 것을 알게 된 그리스도인들은 하나님의 구원을 소망하기 시작했습니다. 그들은 예수님께서 그들에게 다시 오시리라 하신 말씀을 기억했습니다. 예수님께서는 이렇게 말씀하셨습니다. "내가 너희를 고아와 같이 버려두지 아니하고 너희에게로 오리라."요 14:18 예수님께서는 제자들에게 세상 끝 날에 "인자가 구름을 타고 능력과 큰 영광으로 오는 것을 보리라"고 말씀하시면서 그때 예수님께서 "큰 나팔소리와 함께 천사들을 보내리니 그들이 그의 택하신 자들을 하늘 이 끝에서 저 끝까지 사방에서 모으리라"고 말씀하셨습니다.마 24:30-31 이후 그리스도인들은 점점 세상과 로마의 박해가 심해져가면서 더욱 간절하게 '예수님의 재림'을 기다렸습니다. 그들은 언젠가 옛 이스라엘 자손이 애굽에서 종살이하면서 하나님의 구원을 탄원했던 것처럼,출 3:9-10 또 바벨론에서 포로되어 고통 가운데 신음하며 하나님의 구원을 기다렸던 것처럼,사 49:20-22 그들에게도 예수님의 구원이 임하시리라는 기대를 버리지 않았습니다. 바울은 특히 구원과 심판의 주 예수님의 재림을 이렇게 이야기했습니다. "그 때에 불법한 자가 나타나리니 주 예

요한수도원은 유서가 깊다. 초대교회 이래 수도자들이 들어오기 시작하고 로마와 비잔틴 시대에 번창하다가 이슬람시대를 겪으며 견고한 수도원이 되었다. 사진은 요한 수도원 초기에 만들었다는 건물의 오래된 '현관'이다.

수께서 그 입의 기운으로 그를 죽이시고 강림하여 나타나심으로 폐하시리라."^{살후 2:8} 사도 요한 역시 마찬가지입니다. 그는 로마로 대표되는 세상의 압제와 박해의 시대에 예수님께서 오셔서 당신의 사람들, 하나님의 백성을 불러 모으시고 영원한 구원의 자리로 인도하시리라 말합니다. 요한은 하나님의 마지막 부르심을 이렇게 묘사합니다. "이 일 후에 내가 보니 각 나라와 족속과 백성과 방언에서 아무도 능히 셀 수 없는 큰 무리가 나와 흰 옷을 입고 손에 종려 가지를 들고 보좌 앞과 어린 양 앞에 서서 큰 소리로 외쳐 이르되 구원하심이 보좌에 앉으신 우리 하나님과 어린 양에게 있도다 하니..."계 7:9-10 요한은 성경 전체를 관통하는 하나님의 구원의 부르심이 종말에 있을 것을 환성으로 보고 그것을 고통 가운데 있는 그리스도인들과 교회에 전합니다.

요한은 밧모 섬에 갇혀 고난 가운데 살아가면서 예수님 종말의 비전을 보았습니다. 그것은 하나님 백성의 고난이 그것으로 끝이 아니라는 것이었습니다. 하나님 백성의 고난은 허망한 죽음과 교회의 멸절이 아니라 하나님의 구원과 영화롭게 하심으로 끝나게 될 것입니다. 요한은 예수님께서 세상 마지막 날에 세상 곳곳 모든 나라와 족속, 백성과 방언 가운데서 순결한 신앙을 지키고 어린 양의 십자가 도리로 삶을 지킨 당신의 사람들을 불러 모으시는 것을 보았습니다. 예수님께서는 말 그대로 세상 구석구석 모든 하나님의 사람들을 불러 모으셨습니다. 그들은 마치 올림픽에서 큰 나라와 작은 나라의 구별 없이 각 나라 선수들이 행진하여 스타디움에 들어서는 것처럼 하나님 나라로 들어가게 됩니다. 요한은 세상으로부터 동료들로부터 잊힌 자신도 예수님의 마지막 구원의 부르심을 듣게 되리라 확신했습니다. 밧모가 아무리 후미진 곳이라 해도 예수님께서 자기를 찾아 구원으로 이끄시리라 확신했습니다.

요한의 길에 서서 드리는 기도

신실한 신앙을 지키려 애쓰는 저를 찾으시고 부르시어 구원으로 인도하실 것을 믿습니다.

세상의 끝을 보다

바벨론Babylon은 하나님과 대적하는 세상 나라의 총화總和입니다. 성경에 의하면 바벨론은 가인Cain의 계보를 잇는 함Ham의 자손 니므롯Nimrod에 의해 세워졌습니다.창 10:10; 11:1-9 그때 니므롯을 비롯한 함의 자손들은 그곳에 바벨탑을 짓기로 하고 그 높이가 하나님에게까지 이르도록 높이 세울 것을 천명했습니다. 역사 속에서 바벨론은 아모리족 출신 함무라비Hammurabi 왕을 기점으로 먼저 크게 번성했습니다. 함무라비는 그 당시로서는 드물게 강력한 중앙 권력으로 바벨론과 주변 자신이 정복한 나라들을 다스렸습니다. 그는 '함무라비 법전'을 반포해 유명한 왕이었습니다. 이후 바벨론이 성경과 역사 가운데 전면에 등장한 것은 느부갓네살Nebuchadnezzar II이 다스리던 시절이었습니다. 그는 강력한 군사력으로 주변나라들을 복속시키고 그의 통치 아래 거대한 대제국을 건설했습니다. 느부갓네살은 바벨론 제국을 하나의 종교와 신앙, 문화, 경제 및 정치로 통일한 사람이었습니다. 그는 제국의 수도를 바벨론으로 삼은 뒤 그곳을 그 어떤 도시보다 거대하고 화려하게 만들었습니다. 성 둘레는 약 40킬로미터에 달했고 도시 한 가운데로 운하를 파서 배들이 드나들게 했습니다. 그의 바벨론에는 공중정원the Hanging Gardens이라는 유명한 시설도 있었습니다. 무엇보다 느부갓네살은 바벨론에 이전 그 어떤 신들도 누리지 못한 거대

요한은 동굴에 기거하면서 낮에는 노역에 다녀오고 밤에는 동굴에 앉아 예수님의 계시를 기록했다. 사진은 요한계시동굴 한편에 있는 창문으로 보이는 스칼라 항구다. 요한은 이곳에서 세상 처음과 끝이신 예수님의 안목으로 세상의 미래를 바라보았다.

한 지구라트 신전 에테메난키Etemenanki를 지어 그것을 그의 나라 주신 마르둑Marduk에서 헌사했습니다. 이렇게 해서 느부갓네살의 바벨론은 세상 모든 도시보다 더 거대하고 위대한 도시가 되었습니다. 세상 많은 사람들은 바벨론을 방문하고 도시를 구경한 뒤 에테메난키에 가서 제물을 바치고 마르둑 신에게 경배하는 것을 평생 소원을 여기게 되었습니다. 그러나 바벨론은 그 위대함의 이면에 온갖 인간적인 쾌락과 우상숭배와 사악함이 채워져 있기도 했습니다.

하나님의 백성 이스라엘은 느부갓네살에게 패하고 결국 바벨론에 포로로 끌려갔습니다. 그들은 거기 그발 강가에서 슬프고 고통스러운 포로 생활을 보내야 했습니다. 그런데 그들은 거기서 슬픔만 경험한 것은 아니었습니다. 처음 바벨론에 들어섰을 때 그들은 자기들의 도시 예루살렘과 성전하고는 비교할 수 없는 화려함과 거대함으로 가득한 바벨론, 그리고 에테네만키를 마주했습니다. 그때 하나님의 백성은 당장 바벨론에게 매료되었습니다. 차라리 마르둑 신을 섬기고 바벨론의 왕을 따르는 것이 더 낫지 않을까 생각도 들었습니다. 그런 첫 마음은 곧 현실로 나타났습니다. 당장에는 포로로 살았지만 바벨론에 정착해 살다보니 어느 덧 해방이 되고 그 도시의 일원이 되어 살게 되었습니다. 바벨론이 제안하는 정치적인 종교적인 선만 유지하면 행복한 삶이 될 수 있었습니다. 그런데 그럴 수 없었습니다. 바벨론은 곧 그 실체를 드러냈습니다. 도시는 불의했고 도시 사람들은 사악했습니다. 하나님의 백성은 곧 그것을 깨닫게 되었습니다.시 137:1-9 안타깝게도 그 깨달음 뒤에는 시련과 고난이 기다리고 있었습니다. 그들은 여전히 하나님의 백성된 정체성을 버리지 않는다는 이유로 풀무불에 던져졌습니다.단 3:8-27 바벨론왕을 경배하고 그를 따르지 않는다는 이유로 모함을 사 사자굴에 던져지기도 했습니다.단 6:1-18 그러나 하나님의 백성은 바벨론에서 흔들림 없는 신앙의 삶을 살았습니다. 그들은 "죽으면 죽으리라"는 신앙으로 바벨론 포로된 시절을 이겨나갔습니다.에 4:16 바벨론의 포로된 하나님 백성은 그 땅을 살면서 그 땅 가증한 문화에 물들지 않고 오히려 바벨론은 하나님의 심판을 받고 그들은 바벨론으로부터 나와 하나님의 새로운 나라로 들어가게 되리라는 것을 확신했습니다.사 47:6-11, 48:20-22 이제 이 모든 일의 최종장最終章은 로마와 세상 제국의 시대에 일어난 '예수 그리스도의 교회'입니다. 사도 요한은 성경의 모든 일들이 그와 그의 교회를 고난 가운데 빠뜨린 로마와 세상 제국에게 일어나리라는 것을 환상으로 보았습니다.

요한은 바벨론 포로처럼 잡혀 있으면서 바벨론이 무너지는 환상을 보았습니다. 예수님께서는 요한에게 바벨론의 모습을 '음녀'의 모습으로 비추어 주셨습니다. 그 음녀는 교회와 성도의 피 그리고 예수 그리스도의 피에 취해 있었습니다.계 17:6 교회와 그리스도인 그리고 무엇보다 요한 스스로의 고난의 이유는 바로 저 음녀, 바벨론이었습니다. 그 때 천사가 그에게 이렇게 말했습니다. "그 여자(음녀)와 그가 탄 일곱 머리와 열 뿔 가진 짐승이 어린 양과 더불어 싸우리니 어린 양은 만주의 주시오 만왕의 왕이시므로 그들을 이기실" 것이다.계 17:7,14 이것은 곧 바벨론. 곧 세상과 그 권세의 패배를 말하는 것입니다. 요한은 "무너졌도다 무너졌도다 큰 성 바벨론이여"라고 외치는 큰 음성을 함께 들었습니다.계 18:2 요한은 지금 자신과 성도 및 교회를 고난 가운데로 빠뜨린 장본인, 세상 권세의 최종 멸망을 보고 있습니다. 밧모 섬의 요한은 그 모든 모습을 보며 몇 번이고 '아멘'을 외쳤습니다.

요한의 길에 서서 드리는 기도

장망성將望城 바벨론보다 하나님 나라를 소망하게 하소서.

어린 양의 생명책

예수님은 하나님의 어린 양이십니다. 세례 요한은 오래전 요단 강에서 세례를 주며 메시아를 기다릴 때 그 앞에 나타난 예수님을 보고 이렇게 외쳤습니다. "보라 하나님의 어린 양이로다."요 1:36 세례 요한의 관점은 중요했습니다. 예수님께서는 하나님께서 구원의 유월절을 위해 예비하신 하나님의 어린 양입니다. 하나님께서는 세상 모든 피조물과 그리고 인간의 구원을 위해 어린 양을 준비하셨습니다. 마치 이삭을 위해 하나님께서 모리아 산에 준비하신 양과 같은 모습입니다. 아브라함은 그때 그 산에 준비된 양을 보고 '여호와 이레'Jehovah-jireh를 외쳤습니다.창 22:14 그리고 골고다 십자가 위에서 산 제물로 드려지신 예수님이야말로 하나님의 준비하신 어린 양, 여호와 이레이십니다. 또 예수님께서는 당신의 피로 하나님의 심판을 피하게 하셨다는 의미로 '유월절 어린 양'the Passover lamb이기도 하십니다. 오랜 옛날 하나님께서는 애굽 사람들에게 당신 심판의 칼을 내리실 때 어린 양의 피를 문설주에 바른 이스라엘 자손은 지나치셨습니다.출 12:1~14 마찬가지로 예수님께서 십자가에서 찢긴 살을 먹고 흘리신 피를 마시는 우리, 그래서 그 피로 인침을 받은 우리는 하나님의 심판이 아닌 하나님의 구원과 영원한 생명을 누리게 됩니다. 마지막으로 예수님은 고난받는 하나님의 종, '고난받는 하나님의 어린 양'The Lamb of God in Suffering이십니다. 이사야 선지자는 하나님의 구원이 고난받고 괴로움을 당해도 입을 열지 않는 종의 모습, "마치 도수장으로 끌려가는 어린 양과 털 깎는 자 앞에서 잠잠한 양과 같이" 묵묵히 순종하는 종의 모습을 그리며, 그 잠잠한 양과 같은 하나님의 종이 모든 이들의 죄를 감당하여 구원이 모든 사람에게 임하게 되었다고 전합니다.사 53:2~12 이사야의 예언에 등장하는 하나님의 고난 받는 어린 양은 바로 예수님이십니다. 우리는 결국 예수님의 어린 양 되신 모습 가운데 우리 구원의 길을 찾을 수 있고 구원의 은혜를 누릴 수 있으며 그 어린 양의 능력으로 천국문을 넘어설 수 있습니다.

사도 요한은 예수님에 관한 그의 묵상을 어린 양의 모습으로 집중합니다. 요한은 예수님께서 이 땅에 오셔서 사역하시고 결국에 유월절을 맞아 십자가에 달리신 하나님의 어린 양이라고 말합니다. 그런데 놀랍게도 요한은 그의 밧모 섬 종말 계시를 '하나님의 어린 양 예수'를 축으로 삼아 풀어갑니다. 요한은 세상 종말의 시작을 알리는 두루마리를 취하고 종말의 인을 뗄 존재가 오직 하나님의 어린 양뿐임을 확인했습니다.계 5:7 그는 그 자리에서 "죽임을 당하신 어린 양이 능력과 부와 지혜와 힘과 존귀와 영광과 찬송을 받으시기에 합당하도다"라는 천상의 노래를 들었습니다.계 5:12 또한 그는 각 나라와 족속과 백성과 방언으로부터 종말의 부름을 받은 하나님의 백성이 큰 소리로 "구원하심이 보좌에 앉으신 우리 하나님과 어린 양에게 있도다."라는 함성도 들었습니다.계 7:10 그들은 모두 어린 양 되신 예수님의 십자가 사역의 의미를 알고 그 어린 양의 도리로 삶을 지킨 사람들이었습니다.계 7:14-17, 14:4 요한이 본 바에 의하면 사탄과 그리고 세상 권세와 마지막 전쟁은 어린 양 되신 예수님께서 직접 치르실 것인데 그분은 종국에 그 전쟁을 승리하실 것입니다.계 17:14 그리고 그 어린 양은 사탄

요한 계시동굴로 가는 입구이다. 저 계단을 따라 올라가 입구에 서면 현관 위에 요한과 요한의 계시를 글로 적었다는 집사 브로고로의 그림이 있다. 동방교회는 요한은 이곳에서 홀로 있지 않았다고 전한다.

과 세상 권세에 굴복하지 않고 신앙을 지킨 이들을 어린 양의 혼인잔치, 즉 천국의 잔치에 초대할 것입니다.계 19:9 그런데, 여기 가장 중요한 한마디가 있습니다. 마지막 천국에 들어갈 권리와 자격을 얻게 되는 사람들이 '어린 양의 생명책'the Lamb's book of life에 그 이름이 기록된 사람들이라는 것입니다.계 21:17 그들은 세상 권세가 주는 '짐승의 표'계 19:20를 받지 않고 오직 어린 양의 피로 인침을 받은 사람들입니다. 요한은 이렇게 그의 종말 계시를 다루면서 구약성경이 일관되게 이야기하는 하나님 구원의 열쇠, 하나님의 어린 양을 그 중심에 세웁니다. 세상 사람들이 보기에 연약한 양의 모습으로 죽은 예수님이 세상을 구원하시고 세상을 심판하시며 영원한 하나님 나라로 인도하시는 능력임을 확신으로 전하고 싶었던 것입니다.

요한은 예수님께서 힘없고 연약한 어린 양의 모습으로 모든 일을 이루셨으며, 종국의 일들도 그렇게 성취하실 것을 확신합니다. 요한은 어린 양의 방식이 자신을 구원하고, 교회를 진리로 인도하며, 세상을 하나님 나라로 이끄는 유일한 힘임을 말하고 있습니다. 요한은 이제 하나님 백성의 신실한 행진을 '어린 양의 생명책'으로 결론짓습니다. 어린 양이 그 삶의 신실함을 알아 자기 책에 그 이름을 기록한 사람들, 그들만이 천국문을 열고 하나님 나라로 들어갈 자격이 있습니다. 단순히 우리가 부모로부터 받은 '육신의 생명'bios를 말하는 것이 아닙니다. 그것은 불멸하여 '영원하신 생명'zoe, 하나님께서 어린 양 예수님의 십자가를 통해 내어주시는 생명을 말하는 것입니다. 요한은 한낱 세상 권세 어디의 출입 목록에 자기 이름이 기록되는 것보다 하늘 어린 양 생명책에 기록되는 것이 큰 영광임을 알았습니다. 그리고 계시록을 읽는 모두에게 생명책에 이름이 기록되기를 위해 노력하라고 권면합니다.

요한의 길에 서서 드리는 기도
하나님 어린 양의 생명책에 이름을 올리게 되기를 간구합니다.

주여 어서 오시옵소서

요한의 시대 그리스도인들은 종말終末, eschaton에 대해 분명한 생각이 있었습니다. 대부분 로마인들은 자기들 제국이 영원하리라 생각했습니다. 그런 가운데 그리스도인들은 하나님께서 이루실 종말을 이야기하는 사람들이었습니다. 당시 로마는 국내외 정치의 어려움 혹은 국경 근처 여러 야만족의 침략 위기에도 불구하고, 비교적 안정적인 체제를 이루고 있었습니다. 로마의 내해內海라고 불리는 지중해는 평화로웠고 사람들의 삶은 비교적 안정적이었습니다. 그러나 로마 사람들이 안정감만 누리며 산 것은 아니었습니다. 그들 사이에도 당대 세계의 몰락을 말하는 사람들이 있었습니다. 예를 들면 동편 페르시아로부터 지도자가 와서 로마를 새롭게 하고 그의 시대를 열 것이라고 말하는 사람들이 있었습니다. 그들은 특히 네로 황제의 복귀를 외치는 사람들이었습니다. 그러나 로마 사람들은 그 모두를 풍문에 불과하다고 생각했습니다. 흥미는 보였지만 빠져들지는 않았습니다. 오히려 로마 사람들은 그들 사이에서 도덕적인 갱신을 외치던 티아나의 아폴로니우스Apollonius of Tyana 같은 이들의 이야기에 귀를 기울였습니다. 아폴로니우스는 멀리 소아시아 반도 동쪽의 작은 도시 티아나 출신이었는데 로마로 와서 로마의 향락과 퇴폐를 문제 삼으며 로마인들 삶에 갱신이 필요하다고 외쳤습니다. 그는 로마인들에게 도덕적으로 새로워지지 않는다면 장차 로마의 멸망이 올 것이라고 말했습니다. 황제를 포함한 로마 사람들은 그런 그의 외침에 귀 기울였습니다. 그러나 그의 외침이 실제로 로마의 전복으로 이어지리라 생각하지는 않았습니다. 이제 막 황제정이 자리를 잡고 있었고, 네로나 도미티아누스와 같은 실망스러운 지도자들도 있었지만, 요한의 시대 로마는 대체로 스스로를 향한 낭만적인 확신이 있었습니다. 제국 내의 개혁은 필요할지라도 로마의 붕괴와 새로운 나라의 도래와 같은 것은 생각지도 않았습니다. 그들 사이에서 종말의 파괴와 새로운 나라의 도래는 멀리해야 할 위험한 생각들이었습니다.

반면, 요한의 시대 그리스도인들은 종말에 관한 확고한 믿음과 생각이 있었습니다. 그리스도인들은 그들을 멸시하고 박해하며 압제하는 로마 제국이 언젠가 예수님의 재림과 더불어 무너지게 될 것에 관한 믿음이 있었습니다. 물론 예수님의 재림과 하나님의 통치가 어떻게 이루어질지에 관해서는 의견이 서로 다르기도 했습니다. 몇몇은 이미 종말이 시작되었고, 하나님의 통치가 이미 시작이 되었다고 생각했습니다. 그들은 그들이 믿는 기독교 신앙으로 당대 로마를 하나님께서 통치하시는 나라로 새롭게 만들어야 한다는 과감한 생각을 했습니다. 그러나 그런 생각은 아직 이른 것이었습니다. 4세기쯤이면 몰라도 1세기 후반 그리스도인들에게 로마의 기독교화는 아직 요원했습니다. 이때 대부분 그리스도인은 살아생전 예수님께서 오셔서 그들을 구원하시고 영화롭게 하시리라는 생각을 가졌습니다. 당시 그리스도인들은 오히려 다시 오실 예수님께서 그들을 물질의 세상에서 벗어나 새로운 세상으로 인도하시리라는 생각을 품었습니다. 그들은 작금의 세상으로부터 완벽한 이탈과 탈출을 꿈꾸었습니다. 그러나 그들의 염원은 쉽게 이루어지지 않았습니다. 로마의 전복이나

요한은 세상으로부터 잊힌 존재로 이곳 밧모에 들어왔다. 그러나 그는 이곳에서 세상을 보는 진정한 안목을 얻었다. 사진은 밧모 섬에서 바라보는 에게 해와 반대편 옛 소아시아의 카리아 지역이다.

로마로부터의 탈출 그 무엇도 이루어지지 않은 채 그리스도인들은 점점 조롱과 갈등과 그리고 박해의 현실로 빠져들고 있었습니다. 그 모든 어려운 현실에도 예수님은 아직 안 오셨고 그리스도인으로서 그들의 삶은 각박해졌습니다. 결국 요한과 같은 지도자들이 지연되는 종말에 관하여 교회와 성도들에게 바른 생각을 심어줄 필요가 있었습니다. 그들은 종말의 가르침들을 정리했습니다. 중요한 것은 예수님께서 약속하신 것처럼 반드시 다시 오시리라는 것에 관한 믿음이었습니다.요 1:18 예수님께서는 사도행전의 이야기처럼 하늘로 올려지신 그대로 오실 것입니다.행 1:11 그러나 요한 스스로도 아직은 종말에 관한 확고하고 바른 믿음의 실체를 알지 못했습니다. 그 역시 궁금했고 갈급했습니다. 그러다 요한은 밧모에 갇혔습니다.

요한은 밧모 섬에서 깨달았습니다. 중요한 것은 종말에 있을 일들을 아는 것이 아니었습니다. 중요한 것은 종말 사건들의 주체를 알고 믿는 것입니다. 요한은 모든 종말 사건의 주체이신 하나님과 그 아들 어린 양 예수를 보았습니다. 요한은 거기 밧모의 길에서 귀한 통찰을 얻습니다. '돌파하는 종말론'overcoming eschatology입니다. 하나님의 종말은 과거로 회귀가 아니며, 지상 나라의 전복도 아니며, 현세로부터 도피도 아니었습니다. 종말은 창조로부터 타락, 하나님의 구속 그리고 마지막으로 이어지는 하나님의 정면 돌파였습니다. 종말은 하나님께서 창세로부터 예수님 그리고 성령님과 품으신 비전이 오늘의 고통스러운 현실을 '뚫고 지나' 당신의 시간에 성취될 미래 일들이었습니다.계 7:13-17, 14:4-5, 21:27, 22:1-5 요한은 그제야 밧모에서 그가 겪는 온갖 종류의 고난의 현실위에 바르게 자리했습니다. 그는 그 고통의 자리에서 소망을 담아 외쳤습니다. "아멘 주여 오시옵소서."계 22:20

요한의 길에 서서 드리는 기도

고통스러운 오늘의 현실에서 주께서 이루실 종말을 기대합니다. 어서 오시옵소서.

일곱 교회에게 편지 전하기

　　요한은 도미티아누스가 다스리기 시작하던 어느 때 에베소에 다시 등장한 이래 줄곧 에베소를 중심으로 그 주변 교회들을 위해 헌신했습니다. 당시 그는 유일하게 살아남은 예수님의 제자였습니다. 그러나 그는 세상 모든 교회의 지도자이려고 하지 않았습니다. 그는 오히려 그에게 주어진 사역지 교회들의 지도자로 자기를 머물러 두었습니다. 그리고 그에게 주어진 사역지 교회들의 현실을 위해 최선을 다했습니다. 그의 계시록에 기록된 '일곱 교회'가 바로 그의 교회들이었습니다. 그는 에베소를 기점으로 그 교회들을 순회했습니다. 에베소Ephesus 위쪽에 있는 서머나Smyrna의 교회를 들른 후 오른쪽으로 방향을 틀면, 버가모Pergamum와 거기 교회가 있었습니다. 버가모 교회로부터 내륙으로 들어서면, 두아디라Thyatira와 거기 교회가 있었고, 이어서 사데Sardis와 빌라델비아,Philadelphia 그리고 마지막으로 리쿠스 계곡의 유명한 도시 라오디게아Laodikea의 교회가 순서대로 있었습니다. 요한은 그렇게 에베소로부터 시계 방향으로 이어지는 교회들을 하나씩 방문하고 그곳 교회들을 위해 사역했습니다. 그가 순회하며 사역했던 교회들은 모두 나름의 어려움을 갖고 있었습니다. 지도자 부재의 현실은 언제나 문제였습니다. 그러나 점차 수면 위로 떠오르는 이단의 문제와 박해의 현실 그로 인한 성도의 이탈과 공동체의 붕괴는 요한이 항상 경계하며 단속해야 하는 문제였습니다. 요한은 그 모든 문제에 집중했습니다. 그리고 각 교회와 성도들에게 예수 그리스도의 복음을 알고 믿는 신앙 가운데 굳건할 것과 거짓 가르침에 현혹되지 말 것, 그리고 세상과 사이 갈등과 박해의 현실을 잘 이겨나갈 것을 가르치고 권면했습니다. 요한은 자기 교회들의 문제 현실에 깊은 관심을 갖고 그것을 위해 기도하며 문제를 해결하기 위해 분투한 참된 지도자였습니다. 그는 현실과 괴리된 지도자가 아니었습니다. 그는 그가 사역하는 교회 역시 신앙의 현실로부터 멀어지지 말고 현실 위해 굳건하게 서야 한다고 생각했습니다.

밧모 섬으로 들어간 요한은 거기서 예수님께서 보이시는 종말을 보았습니다. 예수님께서는 요한에게 그가 본 것을 기록하라고 하셨습니다.계 1:11, 1:19 그리고 그것을 그가 순회하며 사역하던 교회들에 보내라고 말씀하셨습니다.계 1:11 그는 예수님의 말씀에 순종했습니다. 그리고 자기가 보고 들은 것, 대화한 모두를 기록으로 남겨 그의 일곱 교회에 보냈습니다. 그런데 예수님께서는 요한이 보게 될 종말을 요한의 교회들과 그리고 그들의 수호천사들(사자들)과 함께 풀어 가십니다. 그래서 요한은 자신에게 계시를 보이시는 예수님의 뜻 안에서 자기 편지의 수신자들을 교회의 지도자나 성도로 두지 않고 교회의 수호자로서 '사자'angel, 계 1:20, 2:1,12,18,3:1,7,14로 정해둡니다. 예수님께서는 그의 교회들이 종말과 관련해 직면하고 있는 문제들을 사회적이고 역사적인 인간 문제로 두지 않으십니다. 예수님께서는 편지의 수신자를 교회의 수호천사들에게로 적시하도록 하시면서, 요한 교회들이 직면한 문제를 하나님의 종말 문제, 영적인 문제로 심화하도록 이끄십니다. 요한은 예수님의 가이드에 충실했습니다. 그리고 편지를 수신하는 교회들이 그의 계시록을 마주할 때 그들의 '사자'와 함

요한은 이 알려지지 않은 작은 섬 밧모에서 그가 믿는 진리되신 예수 그리스도께서 몰고 오시는 미래 비전을 보았다. 밧모 섬 상부도시 코라로부터 하부도시 스칼라로 가는 길목에 요한계시동굴을 알리는 표지판이 있다.

께 읽어 내려가도록 했습니다. 이것은 놀라운 제안입니다. 요한의 교회들은 그들 교회가 직면한 현실 문제들이 단순히 인간의 도모로 해결될 일들이 아님을 알게 됩니다. 그들이 직면하게 될 종말의 현실은 공동체 모두가 그리고 공동체의 수호천사가 함께 직면하여 이기고 넘어서야 합니다. 그렇지 않으면 앞으로 닥칠 종말의 현실을 이길 수 없습니다. 결국 요한의 교회들은 지도자 요한의 종말에 관한 계시들을 읽되 천사와 함께 읽었습니다. 요한의 종말에 관한 계시를 접하여 "예언의 말씀을 읽는 자와 듣는 자와 그 가운데에 기록한 것을 지키는 자들"계 1:3 모두는 이 규칙을 알아야 합니다. 요한계시록은 신앙생활을 함께하는 교회 공동체가 함께 읽되 그들의 천사도 함께 읽는 것입니다.

요한은 밧모에서 예수님께서 알게 하신 종말의 일들에 관한 계시들을 신실하게 기록했습니다. 그러나 사실 그는 그 기록들이 예수님의 말씀대로 일곱 교회에게 전달될 수 있을지 의문이었습니다. 그는 섬에 갇힌 존재이고, 잊힌 존재이며, 사라진 존재이기 때문입니다. 그래서 요한은 예수님께서 보이신 것들을 충실하게 기록해 남겨두기는 했으되, 편지의 전달 여부를 확신하지 못한 채 기록의 사명을 다했습니다. 결국 요한은 예수님께서 말씀하시고 보이신 것을 먼저 정리해두었습니다.계 1:9~12상반, 4:1~22:21 그리고 후에 그의 편지를 읽을 이들을 위한 글들을 추후에 보강했습니다.계 1:12하반~3:22 훗날 연구자들의 흔적 연구가 그렇습니다. 요한의 생각은 기우에 불과했습니다. 그의 기록은 온전히 일곱 교회들에게 전달되었습니다. 그는 하나님께서 이루시는 일들이 신비하다는 것을 더욱 깊이 체험했습니다. 그렇게 밧모로부터 돌아온 요한은 자기에게 주어진 사도로서 사명을 더욱 신실하게 이어갔습니다.

요한의 길에 서서 드리는 기도

주께서 이루실 일들에 대한 확고한 믿음으로 오늘 주어진 사명의 현실을 지키게 하소서.

Forty day Meditations for Spiritual Pilgrims

예수님을 이야기하다

Forty day Meditations for Spiritual Pilgrims

예수님을 이야기하다

신선한 예수님 이야기

　　1세기를 지나면서 초대교회는 일종의 한계를 경험하고 있었습니다. 그들은 새로운 시대로 넘어서는 시점에 복음을 전하는 일과 교회로 하나 되는 일 양면에서 길을 찾지 못했습니다. 그때까지 교회는 팔레스타인 유대인들 사이에서 시작된 종교적 분파라는 티를 벗지 못했습니다. 예수님은 갈릴리 나사렛 출신의 탁월한 현자 분위기를 넘어서지 못하는 경우가 많았고, 그의 고난과 죽음 그리고 부활은 여전히 사실로 받아들여지지 않는 경우가 많았습니다. 유대적 배경을 가진 기독교인들은 예수님을 탁월하고 개혁적인 랍비(교사) 이상으로 보지 않았습니다. 그들에게 예수님은 유대교 율법에 관한 탁월하고 신선한 해석자였습니다. 그들은 결국 예수님에게 신적인 권위를 부여하는 것은 인정하지 않았습니다. 그것뿐이 아니었습니다. 어렵게 그리스와 로마 등 이방 땅에 자리 잡은 교회들은 예수님을 위해 그들 세계 신들의 계보에서 적절한 위치를 찾아야 했습니다. 그들 주변이 그것을 요구했습니다. 마치 바울이 아덴을 방문했을 때 아레오바고Areospagos에서 겪은 것처럼 이방 세계의 교회들은 그들이 믿는 신의 정체를 저들 이방의 언어로 말해주어야 했습니다.행 17:18-34 그러다 보니 하나님을 제우스Zeus 혹은 주피터Jupiter와 비견해 이야기하고 예수님을 그의 인간 아들demi-god로 설명하는 경우가 종종 있었습니다.

예수님은 여기서 신으로서 권위는 어느 정도 갖게 되더라도, 인간의 한계를 넘나드는 존재 정도의 의미만 부여될 뿐이었습니다. 결국 제자들이 순교하거나 자연사하고 사도적 권위를 가진 이들도 모두 떠나고 나서 예수님을 어떤 분으로 받아들여야하는지에 관한 문제는 교회의 막연한 난제로 남았습니다. 그리고 여러 이견들만 만들어냈습니다. 초기 이단들도 이 부분에서 일어났습니다. 팔레스타인과 주변 교회들뿐 아니라 헬라와 로마 세계 깊숙이 들어와 있는 교회들은 모두 그들이 믿는 하나님, 그들이 믿는 예수 그리스도에 관한 심각한 고민에 빠져들었습니다. 그럼에도 그들은 답을 찾기 어려웠습니다.

요한은 예베소를 비롯한 몇몇 교회의 지도자로 사역을 시작하면서 당장 당대 교회가 직면한 문제를 보았습니다. 그는 당대 교회가 이전에 그와 동료들이 처음 예루살렘에서 교회를 시작할 때와 전혀 다른 문제에 직면해 있다는 것을 알아차렸습니다. 요한은 그가 등장하기 전까지 회자되던 제자들과 사도들의 가르침을 살폈습니다. 그리고 이미 정리된 예수님 이야기를 담은 책들, 즉 복음서들도 보았습니다. 그리고 교회가 이미 인정하고 받아들인 복음서의 이야기들과 바울이나 베드로와 같은 사도들의 가르침을 받아들이되, 그것을 넘어서는 '신선한 예수님 이야기'가 필요하다고 생각했습니다. 그는 곧 자기만의 예수님 이야기를 정리했습니다. 그리고 그것을 그가 사역하는 교회들과 나누기 시작했습니다. 그는 예수님이야말로 최고 신의 반열에 서 계시던 분이라고 선언했습니다. 그는 예수님을 태초부터 하나님과 계셨던 말씀이며 하나님 자신이라고 이야기합니다.요 1:1-3 그는 그 분께서 빛의 모습으로 세상에 오셔서 어두움을 일소하시고 세상에 구원의 빛, 구원의 안내자가 되셨다고 선언했습니다.요 1:4 그리고 요한은 몇 가지 이야기를 들려줍니다. 바로 오랜 신앙 선배들, 즉 세

에베소에는 거대한 아르테미스 신전이 있었고 인근 디디마에는 그 오빠인 태양의 신 아폴론의 신전이 있었다. 사람들은 에베소 아르테미스 신전과 디디마 아폴론 신전 사이를 오가며 그들 삶의 진정한 주님을 찾았다. 사진은 디디마의 거대한 아폴론 신전 유적이다.

레 요한과 베드로 형제, 빌립과 나다나엘(바돌로매)에 관한 이야기입니다. 요한은 갈릴리와 유다에 살던 이 사람들에게 예수님께서 나타나셨을 때, 그들이 모두 예수님을 '하나님의 어린 양'이며 '하나님의 아들 메시아'로 고백했다고 말합니다.요 1:29,34,41,45 요한은 그 시절 유대 땅에서 하나님의 구원을 기다리던 신실한 사람들은 예수님을 보고 한결같이 그들이 오랫동안 기다리던 메시아심을 고백했다고 말했습니다. 중요한 것은 메시아 예수님이야말로 유대인을 넘어 사마리아와 이방세계 모든 이들이 기다리던 구원자 하나님이시라는 것입니다. 요한은 그 모든 인간 기대와 소망을 하나로 품고 유대 땅 그들이 기대한 것보다 더 큰 것을 보이신 분이 바로 예수님이라고 전합니다.요 1:51-52

요한은 에베소에서 사역을 시작하면서, 그리고 밧모 섬에서 풀려나 에베소로 다시 돌아온 이래로 자기만의 예수님 이야기를 전하기로 합니다. 그가 보기에 이제 1세대 복음 전도자들의 시대는 지나갔습니다. 그 세대의 마지막 요한은 그의 교회들이 그가 정리한 예수님 이야기로 새로운 교회 시대를 열어가기를 기대했습니다. 그렇게 마련된 것이 바로 요한복음the Gospel of John입니다. 실제로 요한복음은 다른 복음서의 이야기들과 사뭇 다른 사건 전개와 설명 방식을 취합니다. 그는 완전히 다른 이야기를 풀지 않았습니다. 그는 이전 동료들의 이야기에 자기 경험담을 얹고 새로운 시대에 어울리는 신학적 안목에서 예수님 이야기를 풀어냈습니다. 그는 예수님께서 유대 땅에 인간으로 그리고 메시아로 오셨다는 것을 부정하지 않으면서, 그 당대 세상에 대한 당신의 신적 권위도 드러낸다고 말합니다. 오랜 세월을 살아 경륜 깊은 요한은 앞으로의 시대에 필요한 이야기, 그만의 '신선한 예수님 이야기'를 풀어나갑니다.

요한의 길에 서서 드리는 기도
우리의 기대와 생각을 넘어서 큰일을 보이시는 예수님을 보고 알고 경험하게 하소서.

창조주 하나님

1세기 그리스로마 사회에서 세상의 시작, 즉 세상 창조에 관한 이야기는 더 이상 신화 이야기에 머물러 있지 않았습니다. 그들은 나름의 신앙과 논리의 조합으로 세상의 시작에 관해 이야기하고 있었습니다. 대표적인 것이 철학자 플라톤Platon의 데미우르고스demiurge 이야기입니다. 플라톤은 『티마이오스』Timaeos에서 우주 창조에 관해 이야기합니다. 그는 이 세상을 창조하는 일을 신神 데미우르고스가 이루었다고 말합니다. 데미우르고스는 이미 존재하고 있던 여러 질료들을 이용해 세상에 형상을 부여했고 그 모든 것에 질서를 부여했습니다. 플라톤은 티마이오스에서 이렇게 말합니다. "우리가 보았듯이 세상 모든 것은 이 조물주에 의해 완성되었다." 흥미롭게도 플라톤은 데미우르고스가 이 세상 모든 것을 이미 있던 재료들을 가지고 만들었는데 인간의 영혼만은 데미우르고스 스스로 직접 만들었다고 말합니다. 후에 신플라톤주의자 플로티노스Plotinus는 플라톤의 창조 이야기를 이어받아 그의 사상에 어울리는 세상 창조 이야기를 고안했습니다. 플로티노스에게 플라톤 시절의 데미우르고스와 같은 창조주는 발견할 수 없습니다. 그러나 그는 플라톤이 말하는 이데아를 믿었습니다. 그리고 그것을 계승 발전시켰습니다. 플로티노스는 이상적인 '일자'hen로부터 '정신'nus이 흘러나오고 정신에서 '영혼'psyche이 흘러나오는데, 거기서 다시 물질의 근원으로서 영지계idea와 마침내 물질계material가 흘러나와 세상이 형성되었다고 보았습니다. 어렵고 생소하지만 중요한 이야기입니다. 왜냐하면 사도들의 시대를 지나 요한의 시대에 이르러서 이런 생각들은 그리스와 로마 세계 일반인들의 사고와 가치관을 이끌었기 때문입니다. 결국 요한의 시대 그리스도인들은 세상과 대화할 때마다 그들의 이런 선입견과 마주해야 했습니다. 몇몇 그리스도인들은 당대 사람들이 이해할 방식으로만 예수님의 이야기를 풀어내기도 했습니다. 몇몇은 이전 유대교의 방식 안에 머물렀습니다. 당대 교회로서는 어려운 일들이었습니다.

그만의 예수 이야기를 풀어가던 요한 역시 이런 문제와 씨름했습니다. 요한 역시 그의 복음서에서 세상 처음에 관해 이야기했습니다. 그리고 그 세상 시작에 그가 믿고 전하는 예수님께서 하나님으로 존재하심을 풀어갔습니다. 그는 자기 복음서의 시작을 마치 구약성경의 창세기 시작과 같은 어조로 풀었습니다. 창세기가 "태초에..."Berēshîth라고 시작하고 있듯,창 1:1 그의 복음서도 "태초에..."En archē로 시작하게 한 것입니다.요 1:1 그러나 그의 시작은 유대교적 분위기와는 다른 것이었습니다. 그는 그 역시 인정하고 받아들이는 하나님 창조 시작을 전제하면서도 그만의 창조주 하나님의 모습을 풀어냅니다. '말씀'logos입니다. 요한은 하나님의 지혜이며 하나님의 뜻이고 하나님의 계획과 행동 실천의 핵심인 말씀이 세상 그 어떤 존재보다 앞서 존재했다고 말합니다. 동시대 그리스와 로마 세계가 믿고 전제하는 그들의 창조론을 압도하는 한마디입니다. 요한은 이 '말씀'의 선재anteriority를 말하고서, 그 '말씀'이 바로 하나님 자신이라고 말합니다. 아직 삼위일체 교리가 만들어지기도 전에 요한과 그의 공동체에 의해 고안된 신앙고백의 절묘한 표현입니다. 요한이 말하는 '말씀'은 곧

소아시아는 거대한 아르테미스 신전이다. 이 지역은 어머니 신 숭배가 강했는데 바울과 요한의 시대 주된 어머니 신은 바로 아르테미스였다. 사진은 요한의 제자 이그나티우스가 사역하고 후에 목회 편지도 보낸 마그네시아의 아르테미스 신전 유적이다.

예수님이셨습니다. 예수님이야말로 하나님 자신이셨다고 말하고 있는 것입니다. 그리고 요한은 그 말씀이야말로 창조주 하나님과 함께 계셨고 세상이 하나님의 섭리 가운데 존재하도록 한 존재라고 설명합니다. 그는 이렇게 말합니다. "만물이 그로 말미암아 지은 바 되었으니 지은 것이 하나도 그가 없이는 된 것이 없느니라."요 1:3 이 한 마디는 플라톤과 플로티노스로 이어지는 당대 세상이 주장하는 창조의 사상을 압도하는 설득이자 고백입니다. 예수님은 결국 하나님으로 세상 모든 것에 우선하여 존재하셨고 하나님의 말씀으로 계시면서 세상 창조를 주도하신 분이십니다. 하나님이자 하나님의 말씀으로 존재하시는 예수님은 요한과 그의 공동체가 이룬 귀중한 신앙고백이었습니다.

　노년의 요한은 예수님이 과연 어떤 분인지를 진중하게 생각했습니다. 그리고 자신이 경험한 그 분이야말로 세상 모든 것을 앞지르고, 관통하여 품는 존재라고 결론지었습니다. 요한은 먼저 자신이 이 사실과 진리 위에 서 있다는 것을 확인했습니다. 그는 이제 자기가 경험하여 확신하는 바를 전할 용기와 의지를 품었습니다.요 20:31 그리고 예수님이 어떤 분인지 이야기하는 그의 복음서 첫 줄에 그가 결론지은 파격을 첫 문장으로 선택합니다. 그는 여기서 구차한 논증의 절차로 흘러가지 않습니다. 그는 논리적인 명료함은 지키면서 지리한 설명과 비교와 정리의 서술 방식은 선택하지 않습니다. 그가 생각하기에 당대 사람들에게 그런 절차는 필요 없었습니다. 그들은 이미 신적인 존재에 관한 그들 나름의 전제가 있었습니다. 중요한 것은 선포입니다. 그의 복음서를 읽는 독자가 유대인이든 헬라인이든 로마인이든 혹은 훨씬 먼 곳의 이방인이든 필요한 것은 "예수님이 바로 하나님"이라는 선언이었습니다.

요한의 길에 서서 드리는 기도
창조주 하나님이신 예수 그리스도에를 분명히 고백하게 하소서.

지경을 넘어

알려진 것처럼 예수님 시절 유대인들은 사마리아 땅을 지나다니지도 않고 그 사람들을 상종하지도 않았습니다. 유대인들 생각에 사마리아인들은 오래전 북이스라엘이 앗수르에게 멸망한 이래 자기들 유대인과 다른 민족들 사이에 태어난 '혼혈' 자손들이었습니다. 반면 자기들은 바벨론 포로생활 내내 신앙과 혈통을 지키며 살다가 돌아온 순혈 전통이라고 생각했습니다. 그래서 사마리아인들은 세겜Shechem에 있는 그리심 산Mountain Gerizim에 자기들 성전을 지어두고 거기서 그들만의 방식으로 하나님을 예배했습니다. 유대인들은 그런 사마리아인들이 싫었습니다. 결국 주전 120년경 하스모니아Hasmonia 시절 유대인들은 사마리아를 침공해 그 일대와 세겜 등을 파괴하고 그리심 산 성전도 파괴했습니다. 이때 무수한 사마리아인들이 학살당했습니다. 그런데 사마리아인들은 여전히 굴복하지 않았습니다. 그들은 파괴와 학살을 이기고 여전히 아브라함과 야곱의 자손이라 여기며 그 땅에서 나름의 신앙을 이어갔습니다. 결국 로마 시대에 들어 사마리아는 유대인들의 거주지역과 분리된 별도의 지방이 되었습니다. 로마 치하 유대인들은 사마리아인들을 어찌할 수 없었습니다. 대신, 유대인들은 사마리아인들을 차별하고 무시하기 시작했습니다. 말도 섞지 않고 한 공간에 머무르지도 않았으며 가까이 있으면 조롱 섞인 말을 퍼붓기도 했습니다. 그런데, 예수님께서는 이런 사마리아를 다르게 생각하셨습니다. 예수님께서는 사마리아인들과 유대인들 사이 경계를 자주 넘나드셨습니다. 예수님과 제자 무리를 사마리아인들이 반기지 않은 적도 있지만, 그래서 제자들과 사이에 충돌이 벌어질 뻔도 했지만, 예수님께서는 그들의 행동에 마음 쓰지 않으셨습니다.눅 9:52-56 예수님께서는 오히려 사마리아 사람의 신실함을 높이 칭찬하시거나눅 10:25-37 사마리아인들에게조차 밀려나 고통받는 '문둥병자'를 고치기도 하셨습니다.눅 17:11-19 예수님께서는 인간 지경을 건너가 거기에서 복음을 전하는 일을 당신의 중요한 사명으로 여기셨습니다.

예수님의 경계를 넘나드는 사역은 제자들과 사도들에게 고스란히 전수되었습니다. 예수님의 제자들과 사도들은 "예루살렘과 온 유대와 사마리아와 땅 끝까지 이르러 내 증인이 되리라"행 1:8는 예수님의 말씀에 충실해 꾸준히 지경을 넘어섰습니다. 사도행전이 기록하는 지경을 넘은 가장 훌륭한 사례는 바로 빌립과 베드로 그리고 요한의 사마리아 전도 활동이었습니다. 빌립은 예루살렘에서 박해가 시작되자 가장 먼저 경계를 넘어 사마리아로 들어갔습니다.행 8:5 그는 곳곳에서 복음을 전했습니다. 그리고 그들 사이에 놀라운 결실을 얻었습니다. 빌립의 사역에는 곧 베드로와 요한이 합류했습니다.행 8:14 사도 둘이 협력하자 사마리아에는 큰 부흥이 일어났고 성령이 다락방과 동일한 역사로 임하시는 놀라운 일도 있었습니다.행 8:17 이제 예수님의 복된 소식은 유대인만의 전유물이 아니었습니다. 그 복된 소식은 유대인들이 가장 경멸하는 사마리아인들에게 증거되었고, 그들도 유대인처럼 예수님을 영접하고 믿게 되었습니다. 그런데 놀랍게도 예수님의 십자가 복음은 유대인과 '혼혈' 사마리아인을 넘어서 로마인에게도 전해졌습니다. 그 일은 가이사랴에 있는 고넬료의 집에서 일

요한의 시대 큰 도시는 밀레토스였다. 이곳은 특히 그리스와 로마의 철학과 세계관이 정립된 곳으로 유명하다. 소위 세상의 기원과 세상의 구성에 관한 철학 이론을 정립한 탈레스와 같은 철학자들이 이곳 출신이다. 사진은 밀레토스의 유명한 거대한 극장 유적이다.

어났습니다.행 10:44~48 베드로는 곧 예루살렘 교회로 와서 자기에게 일어난 일과 자기가 이룬 일들을 보고했습니다. 그는 그 보고에서 선교적인 지경을 넘는 일에 관하여 자신이 얼마나 주저했는지를 이야기했습니다. 그리고 지경을 넘는 일이 그와 사도들, 교회의 생각보다 훨씬 강력하게 성령에 의해 주도되고 있다는 것을 일깨웠습니다.행 11:4~18 이후 베드로와 야고보를 비롯한 예루살렘 교회는 예수님께서 말씀하신 것과 같은 '더 큰 일'을 보았습니다.요 1:50 바울을 비롯한 안디옥 교회가 이방 세계를 향해 문을 열고 그리로 들어가 놀라운 부흥의 결실을 본 것입니다.행 13:1~3 특히 바울은 소아시아와 헬라 본토 그리고 로마 및 스페인에 이르는 곳곳을 누볐습니다. 그리고 그가 다닌 곳곳 이방인들을 예수 그리스도의 사람들로 변화시켰습니다.

요한이 사역한다는 이야기를 듣자, 각처에서 사람들이 몰려왔습니다. 그들의 출신은 정말이지 다양했습니다. 유대인은 물론, 사마리아인과 헬라인, 로마인 혹은 더 멀리서 온 이방인도 있었습니다. 요한은 지금 예수님과 사도들이 일군 '지경을 넘는 선교의 결실들'을 보고 있습니다. 이제 대부분이 이방인인 성도들 앞에서 예수님 이야기를 나누던 요한은 잠시 생각에 잠겼습니다. 요한은 그들에게 세상과 인간의 지경을 넘으신 예수님 이야기 하나를 들려주었습니다. '사마리아 여인' 이야기였습니다. 그는 예수님께서 사마리아로 들어가 여인을 만난 이야기와 그 여인에게 당신이 누구인지 전한 이야기, 그리고 결국에 그 여인이 자기 물동이를 버리고 사마리아의 첫 증인이 되었다는 이야기를 전했습니다.요 4:3~42 다른 복음서 저자들이나 사도들이 이야기하지 않은 신선한 예수님 이야기였습니다. 요한은 이제 자기 성도들에게 이야기합니다. "여러분도 이제 지경을 넘어 만나는 모두에게 이 예수님 이야기를 들려주세요."

요한의 길에 서서 드리는 기도

우리 각자의 사마리아로 넘어가 거기서 예수님 이야기를 전할 용기와 힘을 주소서.

하나님이신 예수님

　　모세는 무려 40년이라는 세월을 미디안 광야에서 목동으로 살았습니다.행 7:23, 출 7:7 그는 그 세월 애굽에서 배우고 누린 모든것, 심지어 애굽 말조차 잊었습니다. 그는 소위 세상 모두에 대해 어눌한 사람이 되었습니다.출 3:11 그는 자신을 이스라엘 구원을 위한 지도자로 세우시겠다는 하나님의 말씀에 이렇게 되묻습니다. "내가 이스라엘 자손에게 가서 이르기를 너희의 조상의 하나님이 나를 너희에게 보내셨다 하면 그들이 내게 묻기를 그의 이름이 무엇이냐 하리니 내가 무엇이라고 그들에게 말하리이까."출 3:13 모세는 이스라엘 자손이 그에게 '우리를 구원하시겠다는 그 신의 정체를 밝히라'고 물을 때 궁색해지지 않기를 바랐습니다. 그러나 사실 그 질문은 모세 스스로 던지는 질문이었습니다. 그는 자신을 지도자로 세우는 분, 그렇게 자신을 앞세워 이스라엘 자손을 애굽으로부터 구원해내시려는 분의 정체가 궁금했습니다. 그때 하나님께서는 모세에게 이렇게 대답하셨습니다. "나는 스스로 있는 자이니라." *ego eimi ho on*, I AM WHO I AM, 출 3:14 하나님께서는 모세에게 '다른 누구의 창조나 섭리나 인도나 주장 없이 온전히 스스로 생각하고 존재하며 일하는 존재'로서 자기 자신을 설명하고 나타내셨습니다. 그리고 누구의 간섭도 없이 홀로 우뚝 선 존재 하나님께서 아브라함과 이삭과 야곱 그리고 요셉을 생각하셔서 그 자손 이스라엘의 하나님이 되시고 그들을 구원하시고 자유한 삶을 살도록 하시겠다고 선언하셨습니다. 하나님께서는 모세 앞에 자기를 밝히시는 가운데 누구와도 관계없이 그저 독야청청하시는 분이기를 거부하셨습니다. 하나님께서는 스스로 판단하셔서 '다른 어떤 존재가 될 수도 있으나, 나는 고난과 고통 가운데 신음하는 이스라엘 너의 하나님이 되련다'라고 선언하셨습니다. 모세에게 이 한마디를 선언하신 후 하나님께서는 오랫동안 신실하게 이스라엘, 당신 백성의 하나님이 되어주셨습니다. 그리고 당신의 백성이 범죄하고 불순종할 때조차 그들의 하나님 되심을 잊지 않으셨습니다.

하나님께서 당신을 알기 원하는 사람들에게 자신의 존재를 온전히 드러내십니다. 그런데 하나님께서는 상대와 무관하게 존재하는 자기를 보이지 않으십니다. 하나님께서는 당신을 알기 원하고 당신과 함께하기를 원하는 이들에게 '그들과 관계된 자기'를 보이십니다. 하나님의 '관계적인 자기 규명'은 특히 세상에 오신 예수님에 의해 자주 이루어졌습니다. 예수님께서는 오래전 하나님께서 모세에게 자기를 보이시고 자기 이름을 알려주신 것과 동일한 방식으로 제자들과 당신을 따르는 무리에게 당신의 하나님 되심을 나타내셨습니다. 예수님께서는 출애굽기 3장 14절과 동일한 어투로 자신이 어떤 존재인지를 설명하셨습니다. 바로 '나는~이다.' *ego eimi* 의 방식이었습니다. 특히 요한의 복음서는 예수님께서 이런 표현 방식을 많이 사용하셨다고 기록하고 있습니다. 우리 신앙고백의 깊이를 더하기 위해, 그리고 풍성하게 하기 위해 요한복음의 순서대로 그것들을 열거하면 이렇습니다. "나는 생명의 떡이다," 요 6:35 "나는 세상의 빛이다," 요 8:12 "나는 양이 문이다," 요 10:7 "나는 선한 목자다," 요 10:11 "나는 부활이요 생명이다," 요 11:25 "나는 길이요 진리요 생명이다," 요 14:6 그리고 "나는 참 포도나무

요한은 밧모 섬에서 돌아온 뒤 주로 에베소를 중심으로 주변 교회들을 순회하며 목회했다. 그의 지도 덕분에 아시아의 교회들은 비교적 안전하고 건강할 수 있었다. 사진은 아야솔루크 언덕의 요한기념교회 유적이다. 천오백 년이나 되었는데 여전히 견고하고 거대하다.

이다"요 15:1-5입니다. 하나님이신 예수님께서는 세상과 당신의 백성 그리고 새로운 이스라엘로서 열두 제자와 사도들 및 교회를 향해 세상 가운데 드러나신 당신의 모습, 정체, 신분을 설명하셨습니다. 결국 예수님을 통해 하나님을 보고 경험하게 되는 세상 그리고 하나님의 백성 및 교회는 항상 예수님의 이런 모습을 통해 하나님의 사랑을 알고 그 사랑을 믿는 가운데 하나님 나라를 향해 나아갈 수 있게 됩니다. 결국 예수님께서는 이런 친절한 방식으로 세상 그리고 하나님의 백성이 예수님을 따라 영원한 생명을 주시는 하나님께 나올 수 있도록 하신 것입니다. 이제 누구든 구원과 영생을 바라는 사람들은 예수님의 자기 설명을 따라 예수님을 믿고 고백하는 가운데 영원한 하나님 나라에 이를 수 있게 됩니다.

요한은 아시아 여러 도시의 거리에서, 그리고 그의 공동체 가운데서 꾸준히 질문을 받았습니다. "예수님은 과연 누구십니까?", "우리가 예수님을 전하고 알릴 때 그분을 누구라고 설명해야 할까요?" 그때 요한은 예수님을 과도한 설명의 높은 '탑'에 가두지 않았습니다. 그는 오히려 그의 복음서 예수님의 여러 사건들과 설교들 사이 여기저기에 '은유적 선언'metaphorical declaration을 배치해 사람들이 기쁨으로 예수님의 정체를 발견할 수 있도록 이끌었습니다. 요한은 예수님이 곧 하나님이라는 분명한 고백의 구도로 하나님께서 예수님을 통해 세상에 당신을 드러내신 모습을 절묘하게 연결했습니다. 요한의 이런 신중한 노력으로 당대 교회와 사람들은 예수님을 친근하게, 그리고 깊고 풍성하게 이해할 수 있었습니다. 그들은 요한의 안내를 따라 구원자 예수님을 다양한 표현으로 고백하게 되었습니다. 요한의 예수님 이야기는 그렇게 교회와 성도의 기도와 찬양, 예배, 및 전도의 언어를 풍성하게 했습니다.

요한의 길에 서서 드리는 기도

예수님께서 드러내시고 설명하신 모습으로 우리 신앙 언어가 풍성해졌습니다. 감사드립니다.

빛으로 오신 예수님

성경은 빛light을 이야기합니다. 하나님께서는 세상을 창조하실 때 빛을 먼저 창조하시고 당신이 지으시는 세상 가운데 어둠을 몰아내셨습니다.창 1:3 성경에 따르면 어둠은 하나님으로부터 멀어진 현실을 말합니다. 어둠은 하나님의 부재, 구원 없는 현실 그리고 생명의 부재를 의미합니다. 이렇게 예레미야는 슬픔으로 외칩니다. "(하나님께서) 나를 이끌어 어둠 안에서 걸어가게 하시고 빛 안에서 걸어가지 못하게 하신다."렘 3:2 결국 하나님은 스스로 빛이시며 당신의 빛으로 세상을 비추시는 분이십니다. 그래서 시편은 이렇게 노래합니다. "진실로 생명의 원천이 주께 있사오니 주의 빛 안에서 우리가 빛을 보리이다."시 36:9 또 호세아 선지자 역시 이렇게 외칩니다. "우리가 여호와를 알자 힘써 여호와를 알자 그의 나타나심은 새벽 빛 같이 어김 없이…우리에게 임하시리라."호 6:3 성경은 이렇게 해서 온전히 빛의 책이며 빛이신 하나님을 전하는 책입니다. 결국 하나님께서는 당신의 세상이, 그리고 우리 하나님의 백성이 어둠 가운데 갇혀 있기를 원하지 않으십니다. 그래서 하나님께서는 출애굽한 이스라엘이 약속의 땅으로 행진하는 내내 그들에게 불기둥이 되어 주셨습니다.출 13:22 선지자 이사야는 하나님 구원의 은혜를 선포하면서 하나님의 구원을 체험한 백성들이 하나님의 가르침과 도리 가운데 굳건하게 서서 그것을 지킬 때 하나님의 공의가 거기로부터 흘러나가 세상과 만민을 빛으로 밝히게 될 것이라고 예언합니다.사 51:4 이제 하나님의 백성은 빛이신 하나님을 세상 가운데 드러내는 거울과 같은 존재입니다. 우리의 요한 역시 이 빛의 서사에서 빠지지 않습니다. 그는 이렇게 말합니다. "그가 빛 가운데 계신 것 같이 우리도 빛 가운데 행하면 우리가 서로 사귐이 있고 그 아들 예수의 피가 우리를 모든 죄에서 깨끗하게 하실 것이요."요일 1:7 무엇보다 그가 전하는 하나님 나라는 해와 달이 필요하지 않은 나라입니다. 그곳에서는 모든 이들이 "빛 가운데로 다닐 것"입니다.계 21:24

빛은 요한에게도 중요한 주제입니다. 요한은 예수님이야말로 세상을 구원과 생명으로 인도하는 빛이라고 말했습니다. 그는 예수님께서 세상 창조에서 보이신 생명 되신 사역을 중요하게 다룹니다.요 1:4 말씀이신 예수님의 창조는 세상 모두에 하나님의 생명이 깃들도록 하는 일이었습니다. 그러나 안타깝게도 그 생명은 피조물 가운데 온전히 작동하지 못했습니다. 피조물 인간의 불순종과 죄악 때문이었습니다. 결국 예수님께서는 창조의 시간으로부터 세상 모든 피조물과 인간에게 베푸셨던 생명을 전하기 위해 빛이 되어 세상에 오셨습니다.요 1:3 그리고 생명의 빛으로 어두운 세상과 어두워진 인간의 영혼, 마음을 비추셨습니다. 물론 사람들은 생명의 빛이신 예수님을 알아보지 못했습니다. 예수님께서는 세상을 당신의 빛으로 비추어 어둠을 일소하셨지만, 사람들은 여전히 어둠 속에 있는 것처럼 무지와 무질서 가운데 살았습니다.요 1:5 결국 예수님께서는 사람들 사이를 다니며 빛으로서 당신을 드러내셨습니다. 예수님께서는 '수전절the Feast of Dedication 빛의 축제'에 예루살렘으로 가셔서 헛된 빛을 갈망하는 유대인들에게 당신이야말로 진정한 빛이심을 선포하셨습니다. 당시 사

에베소 위쪽으로 같은 이오니아 도시 가운데 서머나가 있었다. 이 도시는 요한의 제자 폴리 캅으로 유명했다. 그는 요한에게 가르침을 받은 후 이곳 교회 지도자가 되었고 여기서 순교 했다. 사진은 지금 이즈미르라고 불리는 옛 서머나의 아고라 광장 유적이다.

람들은 빛의 축제 동안 성전 인근에서 밤을 지새우면서 동이 틀 때를 기다렸습니다. 그들은 성전 동편 감람산으로부터 떠오르는 햇빛이 성소 안쪽을 비출 때까지 자리를 뜨지 않았습니다. 그렇게 사람들은 예루살렘 성전에 깃드는 태양 빛을 바라보며 그것이 자기를 구원할 빛이라고 기뻐했습니다. 바로 그때, 예수님께서는 그 태양 빛이 아니라 당신이 바로 세상의 빛임을 선포하셨습니다. 예수님께서는 이렇게 말씀하셨습니다. "나는 세상의 빛이니 나를 따르는 자는 어둠에 다니지 아니하고 생명의 빛을 얻으리라."요 8:12 사람들은 예수님께서 자신에 대해 그렇게 말하는 것이 옳지 못하다고 비아냥거렸습니다. 그러나 예수님께서는 스스로 하는 일의 모두를 온전히 알고 있다고 말씀하시며 그것은 당신이 스스로 발산하는 빛이기 때문임을 말씀하셨습니다.

요한의 예수님 이야기에서 빛이신 예수님을 알고 그 인도를 받은 사람은 두 눈이 멀쩡한 이들이 아니었습니다. 보게 되는 일은 오히려 날 때부터 맹인된 이에게 은혜로 주어졌습니다.요 9:3-7 그러나 사람들은 눈을 밝히시는 예수님의 사역을 받아들이지 않았습니다. 그들은 이리저리 의심하다가 심지어 예수님 덕분에 세상을 보게 된 사람마저 그들의 무리에서 쫓아냈습니다. 결국 무리에서 쫓겨난 그 사람은 예수님께 와서 예수님을 보게 되고 예수님을 믿고 따르는 사람이 되었습니다.요 9:38 요한은 그가 전하는 예수님 이야기를 통해 사람들이 하나님의 구원을 알아보고 깨닫게 되는 역사가 일어나기를 바랐습니다. 그러나 세상과 사람들은 요한이 전하는 예수님, 빛이신 하나님을 알아보지 못하고 여전히 어둠 속에 있었습니다. 요한은 보지 못하는 이들의 현실이 무척 안타까웠습니다. 그는 한 사람이라도 눈을 뜨게 되기를 바랐습니다. 예수님이 사도 요한의 길은 그래서 계몽enlighten의 길이었습니다.

요한의 길에 서서 드리는 기도
주여 눈 뜨고 있으나 맹인 같은 우리에게 오셔서 우리 눈을 새롭게 하소서.

부활이요 생명

　초대교회 성도들은 믿음의 한 세대가 지나도 예수님께서 오지 않으시는 것을 알게 되었습니다. 처음 예수님을 믿었던 사람들은 살아서 예수님의 재림을 보지 못했습니다. 그들은 어느 순간 신앙의 자리에서 순교하기도 하고, 도피하여 숨어 다니던 곳에서 죽기도 했습니다. 누군가는 형제들의 보살핌 가운데 조용히 자연사하기도 했습니다. 그리스도인들은 그렇게 그들의 신앙의 선배들이, 그리고 부모와 형제가 생명을 다하고 사그라드는 것을 경험했습니다. 그리스도인들은 마음에 의심과 두려움이 들었습니다. 그들은 혹시 오시기로 한 예수님께서 오지 않으시는 것은 아닌지, 아니면 그들의 믿음과 소망이 거짓인 것인지 생각하게 되었습니다. 이런 식의 질문은 일찌감치 바울이 사역하던 시절에도 있었습니다. 바울은 고린도에 머물면서 데살로니가교회의 형제들에 관한 이야기를 들었습니다. 그가 떠난 후 데살로니가의 형제들은 여러 가지 시험을 당하고 어려운 일을 겪었습니다. 그런데 그들은 자기들이 겪는 어려움이나 환란보다 더 큰 문제가 있음을 바울에게 전했습니다. 바로 "자는 자들"에 관한 문제, 즉 그들 사이에 먼저 죽은 사람들에 관한 문제였습니다.살전 4:13 사실 당시 사람들에게 죽음은 더 이상 아무 것도 없는 완전한 종결상태라는 생각이 많았습니다. 그들 사이에는 이런 노래가 있었습니다. '해가 지고 다시 떠오를 수 있지만 우리의 짧은 빛은 일단 사라지기만 하면 영원히 잠자는 끝없는 밤이 있을 뿐이다.' 유대인들도 있었으나 헬라 사람들도 많았던 데살로니가 교회는 이미 죽은 이들에 대해 비관적인 생각이 많았습니다. 바울은 성급히 그들의 의심의 불길을 진화했습니다. "형제들아 자는 자들에 관하여는 너희가 알지 못함을 우리가 원하지 아니하노니 이는 소망 없는 다른 이들과 같이 슬퍼하지 않게 하려 함이라."살전 4:13 그리고 바울은 이미 죽은 자들이 "주께서 호령과 천사장의 소리와 하나님의 나팔소리" 가운데 다시 오실 때 "그리스도 안에서 죽은 자들이 먼저 일어날 것"이라고 가르칩니다.살전 4:16

바울의 시대로부터 약 40여년이 지난 시대에 그리스도인들의 걱정은 여전했습니다. 그들은 날로 심해지는 로마와 세상의 박해에 속절없이 죽임 당하는 이들이 많아지는 것도 걱정이었지만, 그들이 예수님의 재림을 보지도 못한 채 죽은 자의 세계로 들어가는 것도 걱정이었습니다. 그들 주변 세계는 죽음이면 그것으로 끝이라는 생각은 여전했습니다. 그들은 주전 3세기 시인 데오크리투스Theocritus가 했다는 "소망이라는 것은 산자에게나 필요한 것이지 죽은 자에게는 필요 없는 것이다." 같은 말에 흔들렸습니다. 결국 사도들과 복음서 저자들 그리고 교회 지도자들은 부활을 가르쳤습니다. 부활은 무엇보다 예수님 가르침의 핵심이었습니다. 공관복음서의 저자들은 부활을 믿지 않는 사두개인들의 엉터리 같은 질문에 대한 예수님의 대답, "부활이 있으리라"는 말씀을 열심히 전했습니다.마 22:30, 막 12:25, 눅 20:35~36 공관복음서의 저자들은 특히 예수님께서 스스로 죽음 가운데서 부활하셨다는 것, 그리고 제자들과 사도들이 그 증인이라는 것을 가르쳤습니다.마 28:5~6, 막 16:6, 눅 24:5~6 이후 예수님과 제자들과 성령으로 세워진 교회는 늘 부활을 증거하는 사람들의 모임이었습니다. 사도들은 곳곳

요한이 순회 사역하던 도시 가운데에는 버가모가 있었다. 이곳은 계시록이 지목한 '사탄의 권좌', 즉 제우스 신전이 있었던 곳이다. 사진은 버가모의 아크로폴리스에 남아 있는 제우스 신전 유적이다. 건물 유적 대부분은 독일의 페르가몬 박물관에 있다.

에서 예수님의 부활을 증거했습니다.^{행 4:33, 행 17:18} 그들은 부활의 소망을 전하는 일로 고난당하기도 했습니다.^{행 23:6} 무엇보다 사도들은 그들의 교회가 부활을 소망하는 일로 하나가 되고 흔들림이 없기를 바랐습니다.^{고전 15:12} 바울을 비롯한 사도들은 스스로도 부활을 경험하는 사람이 되기를 간절히 소망했습니다.^{빌 3:11} 그리고 그들의 후세대 교회 역시 그들과 동일한 믿음과 소망 가운데 굳건하기를 바랐습니다. 바울은 그래서 에베소에서 사역하는 디모데에게 이렇게 권면했습니다. "진리에 관하여는 그들이 그릇되었도다 부활이 이미 지나갔다 함으로 어떤 사람들의 믿음을 무너뜨리느니라."^{딤후 2:18} 그러나 교회 안에서 지연되는 예수님의 재림과 부활의 두려움은 여전했습니다. 그것은 요한의 시대에도 마찬가지였습니다.

요한은 그의 교회와 형제들에게 부활에 관한 예수님 이야기 하나를 들려주었습니다. 요한에 의하면 예수님의 친구 나사로가 병들었습니다. 그와 가족은 예수님께서 오시기를 바랐습니다. 그런데 예수님께서는 때맞춰 오지 못하셨습니다. 결국 나사로는 죽고 말았습니다. 뒤늦게 도착하신 예수님께서는 마르다와 마리아에게 한마디 말을 들으십니다. "주께서 여기 계셨더라면 내 오라버니가 죽지 아니하였겠나이다."^{요 11:21,32} 예수님께서는 '잠자는 나사로'에게 가셨습니다. 그리고 그를 죽은 자 가운데서 부활하게 하셨습니다. 예수님은 말씀하셨습니다. "나는 부활이요 생명이니 나를 믿는 자는 죽어도 살겠고 무릇 살아서 나를 믿는 자는 영원히 죽지 아니하리니 이것을 네가 믿느냐."^{요 11:25} 요한에 의하면 예수님의 이 질문은 그의 형제들을 향한 것이었습니다. 요한은 그의 시대 형제들이 마르다처럼 대답하기를 바랐습니다. "주여 그러하외다 주는 그리스도시요 세상에 오시는 하나님의 아들이신 줄 내가 믿나이다."^{요 11:27}

요한의 길에 서서 드리는 기도
부활의 소망을 품고 믿으며 우리 모두가 주님 오시기를 소망합니다. 어서 오시옵소서.

176 요한의 길

끝까지 사랑하시다

요한에 따르면, 예수님께서는 예루살렘 사람들과 첨예하게 대립하셨습니다. 예수님께서 예루살렘 성전을 깨끗하게 하셨을 때 그들은 어리둥절했습니다.요 2:13-17 그들은 예수님께 표적sign만을 구했을 뿐입니다. 예수님께서 그런 예루살렘 사람들에게 "너희가 이 성전을 헐라 내가 사흘 동안에 일으키리라"라고 말씀하시며 그들을 도발하셨습니다.요 2:18 그러나 그때까지만 해도 예루살렘 사람들은 예수님께 가르침을 구하는 경우가 많았습니다. 니고데모처럼 말입니다.요 3:1-21 그러나 예수님께서는 대립과 갈등의 길로 계속 가셨습니다. 예수님께서는 안식일에 베데스다 병든 사람을 고치셨고 그것을 비밀로 하셨으나 결국에는 사람들에게 알려지고 말았습니다.요 5:2-15 그러자 예수님께서는 예루살렘 사람들에게 "내 아버지께서 이제까지 일하시니 나도 일한다"라고 하시며 그들 앞에 당신 사역의 정당함을 알리셨습니다.요 5:17 이 말씀에 예루살렘 사람들은 결국 예수님을 죽이고자 하는 마음을 품게 되었습니다.요 5:18 이후 예수님께서는 한동안 예루살렘과 유다 지경에 올라가지 않으셨습니다. 그러나 그 다음 초막절에 다시 한번 예루살렘으로 가서서 거기서 또 사람들과 대립하게 됩니다. 예수님께서는 초막절 절기에 사람들에게 스스로를 "생수의 강이 흘러나오는 근원"이라고 하시거나 혹은 당신을 "세상의 빛"이라고

버가모는 에베소가 항구 기능을 잃으면서 점차 아시아 속주의 중심 도시로 발전했다. 덕분에 로마가 기독교를 공인한 후 사진은 기독교 신앙의 중심지로서 중요한 역할을 했다. 사진은 버가모에 남아 있는 거대한 교회 유적이다. 교회는 세라피스 신전 위에 지어졌다.

말씀하셨습니다.요 7:37-38, 요 8:12 예수님께서는 또 날 때부터 보지 못하는 사람을 고치시고서 예루살렘 사람들과 비교해 그들을 눈뜬장님과 같다고 비판하기도 하셨습니다.요 9:38 그뿐이 아니었습니다. 예수님께서는 스스로를 "양의 문"이라고 말씀하시고 "선한 목자"라고도 말씀하시며 예루살렘과 유다의 지도자들을 삯꾼 목자요 거짓된 사람들이라고 비난하셨습니다.요 10:7-8, 11, 25-30 이 모든 일들은 결국 예루살렘 사람들을 크게 자극했습니다. 예루살렘 사람들은 예수님께서 베다니에서 나사로를 살렸다는 이야기를 전해 듣고 본격적으로 예수님을 죽이려는 모의를 시작했습니다.요 11:45-53

이제 시간이 다가왔습니다. 예수님께서는 예루살렘으로부터 들려오는 위험한 이야기를 들으셨습니다. 예수님께서는 이제 이렇게 말씀하셨습니다. "인자가 영광을 얻을 때가 왔도다."요 12:23 예수님께서는 스스로 마음의 준비를 하고 계셨습니다. 그런데 한 가지 염려가 있었습니다. 그것은 바로 당신의 제자들이었습니다. 예수님께서는 결국 마지막까지 최선을 다하셨습니다. 제자들이 서로 사랑하여 결속할 것을 가르치시고,요 13:3-20 여러 가지로 제자들과 당신의 사람들을 격려하는 말씀을 남기셨습니다.요 14-16장 당신은 십자가 죽음으로 그리고 하늘 승천으로 제자들을 떠나게 될 텐데, 제자들만 세상에 남겨지는 것이 걱정스러우셨던 것입니다. 예수님의 행동과 이야기에 제자들은 걱정이 가득했습니다. 시몬 베드로는 예수님께서 십자가에 달려 죽으실 것에 대해서는 생각지도 못한 채 "주여 어디로 가시나이까?"라고 묻기만 계속했습니다.요 13:6 제자 가운데 도마Thomas는 예수님께서 가시는 십자가 죽음과 부활의 길을 이해하지 못하겠다는 듯, "주여 주께서 어디로 가시는지 우리가 알지 못하거늘 그 길을 어찌 알겠습니까?"라고 되묻습니다.요 14:5 제자 빌립은 예수님께서 하나님 아버지에 대해 자주 이야기하시자 곧 "주여 아버지를 우리에게 보여주옵소서 그리하면 족하겠나이다."라고 말하며 힘든 십자가 길을 가시려는 예수님 앞에 자기 걱정을 늘어놓았습니다.요 14:8 다대오Thaddaeus라고 불리는 유다Judas도 예수님의 말을 막았습니다. 그는 이렇게 말했습니다. "주여 어찌하여 자기를 우리에게는 나타내시고 세상에는 아니하려 하시나이까?"_{요 14:22} 제자 누구도 예수님 편에서 이야기하는 사람은 없었습니다. 그러나 예수님께서는 그런 제자들이라도 "사랑하시되 끝까지 사랑"하셨습니다._{요 13:1} 예수님께서는 부족한 제자들을 끝까지 품으셨습니다. 예수님께서는 십자가를 향해 나아가기 전 마지막 시간까지 제자들을 가르치시고 당부의 말씀을 잊지 않으셨습니다.

에베소 교회 사람들과 이야기 나누던 늙은 요한은 예수님의 마지막 시간들을 떠올렸습니다. 그때 예수님께서는 치열하게 세상과 대립하며 십자가를 향해 나아가셨습니다. 그리고 예수님께서는 십자가의 길을 향한 열심만큼이나 제자들을 사랑하셨습니다. 예수님께서는 '끝까지 쉬지 않고 제자들을 사랑하셨습니다. 그런데 요한이 보기에 예수님께서 끝까지 사랑하시던 그날 밤과 그가 사역하는 교회의 당대 현실이 그렇게 달라 보이지 않았습니다. 가룟 유다와 같은 이들은 그날 밤이나 오늘이나 여전합니다. 그래서 그날 밤 제자들을 걱정하시던 예수님만큼이나 요한 자신도 그의 교회 형제들을 걱정하고 있습니다. 요한은 결국 그날 예수님께서 보이신 최선을 따라 그의 형제들에게 예수님 이야기를 하나라도 더 들려주려 애썼습니다. 십자가에 달리기 전 저녁 식사에서 보이신 예수님의 최선은 바로 늙은 요한 자신의 형제들을 향한 최선이 되었습니다. 그렇게 늙은 요한은 한 발 더 예수님의 사랑을 닮아갔습니다.

요한의 길에 서서 드리는 기도
주께서 끝까지 보이신 사랑을 닮아 우리도 끝까지 사랑하는 헌신을 이루게 하소서.

예수님의 기도

   예수님께서는 늘 기도하시던 분이셨습니다. 습관적으로 새벽 동이 트기 전 한적한 곳으로 가서서 거기서 하나님께 기도하셨습니다. 1:35 예수님의 하루 시작은 늘 기도였습니다. 그래서 하루가 하나님의 사람으로 하나님의 일이 성취되는 시간이 되도록 하셨습니다. 또 예수님께서는 사역이 이루어지던 사이사이 사람들과 떨어져 한적한 곳으로 가서 거기서 기도하기도 하셨습니다. 5:16 예수님의 사역에는 많은 사람이 몰리곤 했습니다. 그러다 보면 어느새 예수님의 사역은 사람들의 분주함 사이에 묻히기도 했습니다. 예수님께서는 사역보다 기도가 중요하다는 것을 아셨습니다. 그래서 중심에 기도를 세우시며 당신이 이루시는 사역이 사람의 일이 아닌 하나님의 일이 되도록 하셨습니다. 그것이 바로 예수님께서 실천하신 '한적한 곳' 기도의 의미였습니다. 사역의 한복판 한적한 곳에서 드리신 기도 가운데 가장 대표적인 예는 아무래도 겟세마네Gethsemane에서의 기도였습니다. 예수님께서는 십자가에 달리기 전 제자들과 저녁 식사를 마치시고 예루살렘의 한적한 곳, 즉 겟세마네로 가서서 거기서 오랫동안 기도하시며 당신의 십자가 길을 향한 결단을 다지셨습니다. 그때 우리 주님께서는 이렇게 기도하셨습니다. "내 아버지여 만일 할 만하시거든 이 잔을 내게서 지나가게 하옵소서 그러나 나의 원대로 마시옵고 아버지의 원대로 하옵소서.”마 26:39 그뿐이 아닙니다. 예수님께서는 당신의 제자들에게 기도의 본을 보이거나 기도를 가르치기도 하셨습니다. 한 번은 제자들을 세상에 파송하시고서 그들이 놀라운 일들을 경험하고 돌아오자, 그들 앞에서 하나님께 감사드리는 기도를 드리기도 하셨습니다.눅 10:21-22 이외에도 어떻게 기도해야 하는지 모범을 가르치기도 하셨는데 산상수훈 중간에 가르치신 ‘주님의 기도’the Lord's Prayer가 바로 그것입니다.마 6:5-15, 눅 11:2-4 예수님께서는 당신이 본을 보이시고 가르치신 모든 것을 통해 기도가 제자들 삶의 중심이 되도록 하셨습니다.

요한은 다른 공관복음서만큼이나 기도하는 예수님을 다루지 않습니다. 요한복음의 예수님께서는 심지어 겟세마네에서도 그리고 십자가에서도 기도하지 않으십니다. 그렇다고 요한이 예수님의 기도하는 모습을 전혀 다루지 않은 것은 아닙니다. 요한의 예수님은 당신 자신을 위해서보다는 제자들을 위해 기도하십니다. 예수님의 고난 전 저녁 식사 ‘마지막 기도’the farewell prayer입니다.요 17:1-26 예수님께서는 이 기도에서 먼저 “아버지께서 내게 하라고 주신 일을 내가 이루어 아버지를 이 세상에서 영화롭게 하였습니다.”라며 하나님께 당신의 사역을 보고하시고 당신 사명이 완성 단계에 이르렀음을 알리십니다.요 17:4 그리고 당신의 제자들이 당신의 가르침을 따라 하나님을 알게 되고 하나님을 향한 온전한 믿음을 갖게 되었다고 기도하십니다.요 17:6-8 이제 예수님께서는 당신의 제자들이 하나님의 사람들임을 보고하십니다.요 17:9 예수님의 기도는 여기부터가 진짜입니다. 예수님께서는 당신 없이 하나님의 사람으로 세상을 살게 된 제자들을 지켜달라고 하나님께 간구하십니다.요 17:11 제자들에게서 세상의 미움이나 박해를 제거해달라고 부탁하지는 않으셨습니다. 오히려 그들이 “악에 빠지지 않

요한의 일곱 교회 가운데 사데는 '살아있으나 죽은 교회'라는 책망을 들었다. 사진은 사데의 아르테미스 신전 유적지와 그 옆에 데오도시우스 황제 시절 지은 것이 분명한 비잔틴 양식 작은 교회 유적이다. 거대한 아르테미스 신전 유적과 작은 교회 유적이 비교된다.

게 보전하시기를" 구하셨습니다.요 17:15 그리고 마지막에는 제자들의 사역을 위해서 기도하셨습니다. 예수님께서는 제자들이 세상 가운데 서서 미움만 받는 존재가 아니라고 말씀하시면서 그들이 세상 가운데 보냄을 받아 하나님의 진리이신 예수님을 전하는 삶을 살 것이라고 말씀하십니다.요 17:18-20 그래서 제자들의 사역이 힘들더라도 그 가운데 결실이 있기를 위해 기도하셨습니다. "아버지께서 내 안에, 내가 아버지 안에 있는 것 같이 그들도 다 하나가 되어 우리 안에 있게 하사 세상으로 아버지께서 나를 보내신 것을 믿게 하옵소서."요 17:21 예수님의 마지막 기도는 온전히 제자들을 위한 기도였습니다. 예수님께서는 기도 가운데 제자들이 세상을 향한 온전한 증인들이 되기를 바라셨습니다.

요한은 예수님의 마지막 기도를 깊이 있게 다루면서 먼저 예수님의 기도가 응답되어 당신의 교회에 결실과 부흥이 있게 된 것을 감사드렸습니다. 그리고 자기 교회의 형제들을 바라보며 예수님의 마지막 기도가 오늘 자기의 기도가 되기를 바랐습니다. 늙은 요한은 자신이 떠나고 나면 남겨진 교회와 형제들이 그 옛날 예수님의 제자들이 겪은 것과 비슷한 어려움을 겪게 되리라 염려했습니다. 예수님께서 요한을 오랫동안 살게 하신 것은 남겨진 교회들과 성도들을 지키라는 의미였겠지만, 그에게도 인간적인 한계는 분명했습니다. 그도 어느 때가 되면 그의 교회와 성도들을 남기고 예수님 계신 곳에 가야 할 것이었습니다.요 15:23, 17:24 요한은 예수님의 마음으로 얼마 남지 않은 이별의 시간을 생각하고 기도했습니다. 그러나 그는 확신했습니다. 성령님께서 그의 교회를 지키시고 형제들을 이끄실 것입니다. 그의 교회와 형제들은 환란의 세상을 이기며 온전한 구원을 이루어 종국의 영화를 누리게 될 것입니다.

요한의 길에 서서 드리는 기도

예수님처럼, 요한처럼, 맡겨진 양들 위해 기도하는 신실한 중보자가 되게 하소서.

십자가 영광의 예수

요한의 십자가 고난 이야기와 공관복음서의 이야기는 조금 다릅니다. 공관복음서는 예수님 십자가 처형일이 유월절 당일입니다. 이렇게 되면 예수님께서는 목요일 유월절 저녁에 제자들과 함께 유월절 식사를 하시고, 금요일 유월절 당일에 십자가에 죽으신 후, 안식일이 시작되기 전에 무덤에 들어가셔서 안식일 하루를 온전히 계셨다가, 안식 후 첫날 그러니까 우리로서는 주일 아침에 부활하신 것이 됩니다.마 26:1~19,27:62, 막 14:1~16,15:42, 눅 22:7~13, 23:54 그러나 요한은 예수님의 죽음 자체를 유월절 당일 식사와 동일시합니다. 요한은 예수님께서 마지막 식사를 유월절 이틀 전에 나누시고, 유월절 식사가 준비되는 날과 본격적으로 유월절 식사를 나누는 시간에 고난당하신 후에, 십자가에서 죽으셨다고 이야기합니다.요 19:14 요한에 의하면 예수님께서는 유월절 준비일에 고난 당하시고 죽으신 후, 유월절 저녁식사 때 장사되었다가, 무덤 가운데서 유월절을 보내시고, 유월절을 보낸 다음 날에 부활하셨습니다.요 19:31~42 요한의 이야기는 확실히 유대인들이 성경에 기록된 대로 유월절을 지키는 방식이나 절차와 일치합니다. 유월절을 준비할 시간이 되면 유대인들은 각자 하던 일을 멈추고 집안 청소를 하면서 집안의 모든 누룩을 바깥으로 가져 나와 불에 태웁니다. 그리고 유월절 식사로 온 가족이 함께 나눌 양을 잡습니다. 이렇게 되면 예수님께서는 유월절 어린 양의 모습으로 준비되어 유월절 식탁이 지켜지는 시간에 맞추어 돌아가신 것이 됩니다. 예수님은 온전한 유월절 어린 양으로 모든 이들을 위한 구원의 식탁 위에 놓이게 되는 것입니다. 죽으신 예수님의 다리를 꺾지 않는 것 역시 유월절 어린 양 음식 관련 규례와 관련된 것입니다.출 12:46 요한은 예수님께서 실제로 죽으신 시간의 사실관계보다 예수님께서 하나님의 유월절 어린 양으로 온전히 죽으셨다는 의미를 더 강조하고 있습니다. 예수님의 어린 양 죽음으로 하나님의 은혜는 하나님의 뜻과 방식대로 온전히 세상 가운데 드러나게 됩니다.

요한은 결국 유월절 어린 양 예수님의 십자가를 하나님의 '영광'*doxa, glory*이 드러나는 자리로 올려 세웁니다. 요한의 복음서는 예수님께서 사역 내내 영화로운 죽음을 향해 꾸준히 나아가고 있다고 말합니다. 예수님께서는 어머니 마리아가 혼인잔치 포도주 문제를 거론하셨을 때까지는 "아직 (영광의) 때가 이르지 않았습니다"라고 말씀하셨습니다.요 2:2 그러나 나사로를 고치시고 그리고 빌립과 안드레를 통해 헬라 사람들을 소개받으시면서는 "인자가 영광을 얻을 때가 왔도다"라고 선포하셨습니다.요 12:23 예수님께서는 이 말씀 이후 십자가의 길을 준비하셨습니다. 예수님께서는 이후 제자들과 식사 하시면서 비장한 어조로 말씀하셨습니다. "만일 하나님이 그로 말미암아 영광을 받으셨으면 하나님도 자기로 말미암아 그에게 영광을 주시리니 곧 주시리라."요 13:31-32 또 제자들에게 당신이 가시는 길에 관한 확신을 심으셨습니다. "세상에서는 너희가 환난을 당하나 담대하라 내가 세상을 이기었노라."요 16:33 결국 예수님께서는 전쟁에서 승리를 확신하며 이렇게 기도하셨습니다. "내게 주신 영광을 내가 그들에게 주었사오니 이는 우리가 하나가 된 것 같이 그들도 하나가 되게 하려

요한은 에베소를 기점으로 주변 여러 교회들을 순회하며 목회했다. 사진은 친절한 사람들의 도시라고 불렸던 빌라델비아의 요한 교회 유적이다. 기둥만 네 개가 남아 있는데 원래 여섯 개 기둥을 함께 생각해보면 거대한 교회였을 것으로 추정된다.

함이니이다."_{요 17:22} 예수님께서는 유월절 어린 양 되어 십자가에 죽으시므로 하나님의 영광을 성취하셨습니다. 죽기 싫어 허우적대는 비겁한 인간의 모습으로 십자가를 지신 것이 아닙니다. 예수님께서는 왕으로 의연하게 죽음을 받아들이십니다. 세상 죄를 감당하며 유월절 어린 양으로 나아가시는 예수님의 발걸음은 굳건합니다. 결국 빌라도는 예수님을 통해 하나님의 영광이 드러난 길의 헤럴드Herald입니다. 그는 예수님의 고난의 행진을 위한 입장에 앞서 이렇게 외칩니다. "보라 너희 왕이로다."Behold, your King!, 요 19:14 예수님께서는 그렇게 왕으로 십자가 행진을 이루시고 보좌에 앉듯 십자가 위에 달리셨으며 거기서 당신의 왕으로서 책무를 모두 이루십니다. 그리고 이렇게 선언하셨습니다. "다 이루었다."요 19:30

요한은 인간으로 오심과 죽음을 향한 '하강'descension에 이어 십자가와 부활을 향한 '상승'ascension이 예수님께 있다고 보았습니다. 요한은 자기만의 예수님 이야기에서 십자가의 패에 관해 자세하게 이야기합니다. 요한은 예수님께서 달리신 십자가의 머리 부분에 명패를 붙었는데 거기에는 "나사렛 예수 유대인의 왕"이라고 기록되어 있었다고 기록합니다. 그런데 흥미롭게도 그 패를 붙인 빌라도는 그 말을 "히브리와 로마와 헬라 말로" 각각 써 두었다고 기록합니다.요 19:19-20 결국 예수님께서는 빌라도의 별스러운 행동 가운데 더러운 십자가의 죄인이 아닌 유대인의 왕을 넘어 세상의 왕으로 선포되셨습니다. 요한은 예수님께서 하나님의 뜻에 순종하는 가운데 세상으로 내려와 죽기까지 낮아지셨지만, 십자가 위에서 온전히 영화롭게 되셨다고 고백합니다. 요한의 예수님은 낮아짐과 높아짐의 역설 가운데 하나님의 영광을 온전히 드러내셨습니다. 이제 그 하강과 상승의 길은 요한의 길이 되며 우리의 길이 됩니다.

요한의 길에 서서 드리는 기도

세상 구원의 왕으로 십자가에 서신 주님, 주님을 경배합니다. 아멘.

나의 주 나의 하나님

그리스 로마 세계에서 신이나 인간의 부활은 낯선 것이 아니었습니다. 고대 의료의 신 아스클레피오스Asclepios는 신이 되기 위해 제우스에게 죽었다가 다시 부활해 치료를 관장하는 존재가 되었습니다. 헤라클레스Heracles나 아켈레스Achileus와 같은 영웅들도 마찬가지입니다. 헤라클레스는 독을 품은 옷을 입고 죽었습니다. 그러나 제우스를 비롯한 신들의 도움으로 부활해 하늘의 별이 되고 신이 되었습니다. 트로이의 영웅 아킬레스는 발뒤꿈치에 화살을 맞아 죽었지만, 장례식에서 그의 어머니 테티스Thetis에 의해 구조되어 축복받은 자들의 땅에서 영원불멸의 생을 이어가게 되었습니다. 여기까지가 신화의 이야기라면 역사가 헤로도토스Herodotos가 들려주는 이야기도 있습니다. 주전 8세기 프로콘네소스Proconnesos, 오늘날 마르마라해 인근의 시인 아리스테아스Aristeas의 이야기입니다. 중앙아시아 여러 부족의 영웅담을 시로 지어 유명한 아리스테아스는 어느 날 친구 헤레우폰Hereupon의 집에 갔다가 거기서 쓰러져 죽고 말았습니다. 그의 죽음을 확인한 헤레우폰은 당장 가족과 주변 사람들에게 부고를 알렸습니다. 그런데 부고를 받은 한 사람이 와서 자신이 아리스테아스를 방금 길에서 만났다고 전했습니다. 헤레우폰과 사람들은 집안에 둔 시신을 확인해 보았는데 과연 그의 시신도 없어지고 말았습니다. 이후 살아난 아리스테아스의 목격담은 여러 곳에 있었습니다. 그가 가까운 무시아_{Mysia}에 나타났다는 소식이 들리더니 곧 프로콘네소스에 다시 나타났다는 목격자가 나타나기도 했습니다. 이후 그를 보았다는 소식은 꼬리에 꼬리를 물었습니다. 심지어 아리스테아스가 그가 죽은 뒤 무려 270년이나 지나 이탈리아 남부 메타폰티움_{Metapontium}에 나타났다는 소문도 있었습니다. 그러나 많은 그리스 로마 사람들은 이 모든 부활 이야기를 믿을 수 없다고 보았습니다. 그들은 죽음과 부활의 사실을 자기 눈으로 직접 확인해 보기 전에는 부활한 사람의 이야기는 믿을 수 없는 것이라고 말했습니다.

요한의 이야기에도 부활을 믿을 수 없었던 한 사람이 등장합니다. 바로 도마입니다. 요한은 예수님의 부활 이야기를 이렇게 전합니다. 안식을 마친 후 다음 날에 막달라 마리아는 예수님의 시신을 안치한 무덤의 돌문이 열려 있는 것을 보았습니다._{요 20:1} 마리아는 곧장 제자들에게 가서 돌문이 열려 있어서 예수님의 시신을 누군가 가져갈 수 있다고 말했습니다. 베드로와 요한은 당장 예수님의 무덤으로 가서 무덤이 비어 있는 것과 그 누우셨던 자리 수건과 세마포만 확인했습니다. 그때 두 제자는 예수님께서 말씀하신 대로 부활하셨음을 직감했습니다._{요 20:8-9} 그러나 사실 확인 전까지는 섣불리 말할 수는 없는 노릇이었습니다. 이후 부활하신 예수님을 처음으로 확인한 사람은 막달라 마리아였습니다. 그녀는 무덤가에서 울고 있다가 부활하신 예수님을 목격했습니다. 그리고 그 사실을 제자들 모두에게 알렸습니다._{요 20:11-18} 그러나 마리아는 여인이었습니다. 성인 남성의 확인이 필요했습니다. 결국 예수님께서는 다락방 제자들에게 몸소 나타나셨습니다. 그리고 당신의 부활하신 몸을 보이셨습니다. 예수님께서는 제자들에게 평강을 전하시고 성령을 받으라고 말씀하셨습니

요한의 순회 사역 끝자락에 있는 라오디게아는 도시를 위해 주변 타우르스 산맥의 찬물과 히에라볼리 온천의 따뜻한 물을 서로 뒤섞는 곳이었다. 예수님께서는 라오디게아 교회의 그 미적지근한 모습을 비판하셨다. 사진은 라오디게아 옛 도시를 관통하는 중앙도로이다.

다.요 20:19~23 이제 모든 제자들이 예수님의 부활을 확인했습니다. 그런데 안타깝게 도마는 그 자리에 없었습니다. 도마는 두 눈으로 확인해야 하는 논리 실증주의자a logical positivist였습니다. 그는 이렇게 말했습니다. "내가 그의 손의 못 자국을 보며 내 손가락을 그 못 자국에 넣으며 내 손을 그 옆구리에 넣어 보지 않고는 믿지 아니하겠노라." 요 20:25 결국 예수님께서는 의심하는 도마에게 나타나셨습니다. 그리고 그에게 당신의 부활하신 몸을 보이시며 "네 손가락을 이리 내밀어 내 손을 보고 네 손을 내밀어 내 옆구리에 넣어 보라 그리하여 믿음 없는 자가 되지 말고 믿는 자가 되라"라고 격려하셨습니다. 그리고 모두를 본 도마는 그제야 부활하신 예수님을 믿으며 "나의 주님이시요 나의 하나님이시니이다."라고 고백합니다. 요 20:28

첫 부활절에도 그랬지만 요한의 시대에도 도마와 같은 논리 실증 주의자들은 있었습니다. 요한은 낙심하지 않고 꾸준히 그들에게 "믿음이 없는 사람이 되지 말고 믿는 자가 될 것"을 가르쳤습니다. 매번 가르침 마다 요한은 예수님의 마지막 한 마디 말씀을 잊지 않았습니다. "너는 나를 본 고로 믿느냐 보지 못하고 믿는 자들은 복되도다." 요 20:29 요한에게나 다른 교회 지도자들에게나 예수님의 육신을 직접 만져 부활의 실제를 확인할 방법은 사라졌습니다. 이제는 직접 목격담도 사라져 가는 시대입니다. 요한 자신마저 죽고 나면 부활하신 예수님 목격 경험을 들려줄 사람은 아무도 없습니다. 요한은 자신이 죽고 나면 예수님의 부활을 의심하거나, 영혼만 부활했다든지, 정신만 부활했다는 식의 이단 사설을 늘어놓는 사람들이 많으리라 생각했습니다. 염려와 걱정이 되었습니다. 그러나 요한은 믿었습니다. 예수님 부활을 '보지 않고도 믿는 자들의 행진'은 끝나지 않을 것입니다. 요한의 길에서 그가 마지막으로 품은 소망은 모든 의심과 불신의 시대에도 불구하고 부활 신앙은 이어지리라는 기대와 소망이었습니다.

요한의 길에 서서 드리는 기도
예수님 부활을 확신하는 믿음으로 굳게 서 있습니다. 주여 오늘 죽음을 이기게 하소서.

Forty day Meditations for Spiritual Pilgrims

Epilogue

그의 증언이 참된 줄 아노라

요한의 시대로부터 두 세기 정도 지나 교회는 요한이 얼마나 훌륭한 일을 해냈는지 깨닫게 됩니다. 요한의 고백과 요한이 나눈 예수 이야기 및 신학적 가르침은 이후 속사도 시대와 교부 시대에 정통한 신앙과 사역의 기준이 되었습니다. 그가 고백하고 나누며 기록한 예수님 이야기는 이후 시대 교회들이 직면한 여러 이단 사설들을 이기고 정통한 신앙을 지키는 일에 중요한 근거가 되었습니다. 그의 예수님 이야기는 특히 하나님과 동일한 본질을 가지신 예수, 그러나 동시에 인간이신 예수라는 중요한 신앙고백의 기틀이 되었습니다. 사실 요한이 죽어 떠난 후에도 교회는 여전히 예수님에 대한 신앙 고백에서 커다란 이견들과 마주하고 있었습니다. 교회 안에서 이단 사설을 이야기하는 사람들은 요한의 지극한 노력에도 불구하고 자기들 주장을 꺾지 않았습니다. 그들은 '예수님이 인간이라면 신일 수 없다는 것', 혹은 '예수님이 신이라면 인간일 수 없다는 것' 등의 논리를 앞세워 교회를 흔들었습니다. 그 당시 교회는 세상 박해의 여러 어려운 상황을 겪고 있었는데, 지도자들은 박해의 상황보다 이단 사설들과 상대하는 일이 더 힘들다고 말하기도 했습니다. 요한 이후 이단들의 주장은 더 논리적이고 체계적이게 되었습니다. 예수님이 어떤 분인지에 관한 논쟁 중에 그들은 '하나님은 오직 한 분이어야 한다는 주장'과 '예수님은 한 분이신 하나님에 의해 세워진 훌륭한 인간 사역자일 뿐'이라는 주장을 더욱 구체적으로 만들어 교회 사이에 그들의 논리를 퍼뜨렸습니다. 그리고 그들은 자기들 주장을 교회 신앙의 중심이 되도록 애썼습니다. 몇몇 교회들은 그들의 이단 사설을 받아들였습니다. 그리고 그들의 주장을 옳다고 여기며 정통한 신앙고백을 하는 사람들을 못살게 굴기도 했습니다. 몇 세기 전 요한이 벌인 신실한 노력이 무색해지는 상황들이 곳곳에서 발생했습니다. 교회는 혼란스러웠습니다. 지도자들조차 혼란스러워했고 바른 답을 찾는 일에 어려움을 겪었습니다.

교회는 모여 사안을 논의했습니다. 하나님의 은혜 가운데 니케아Nicea에서 열린 첫 회의에서 교회는 중요한 결론에 도달했습니다. 하나님께서 삼위로 존재하신다는 것, 삼위 하나님은 본질로 동일하시다는 것에 관한 인정과 고백이었습니다. 몇몇 이견이 있었지만 대부분 교회와 지도자들은 삼위로 존재하시는 하나님 신앙을 정통한 것으로 인정했습니다. 그러나 문제는 그렇게 쉽게 끝나지 않았습니다. 아리우스Arius를 비롯한 몇몇 지도자들은 그들의 주장, 즉 예수님이 인간이라는 것이나 하나님은 홀로 존재하는 한 분이라는 주장을 굽히지 않았습니다. 그들은 니케아 회의가 종료된 후에도 로마 여러 곳을 다니며 그들의 동조자를 만들었습니다. 결국에는 예수님을 인간이라고 주장하는 쪽의 세력이 더 강력해졌습니다. 심지어 로마 황제마저도 그들의 주장에 동의하고 니케아 회의 결과를 찬성하는 사람들을 박해했습니다. 알렉산드리아의 아타나시우스Athanasius가 박해받아 고난받은 대표적인 사람이었습니다. 그러나 아타나시우스를 비롯해 사막의 안토니우스Anthonius 같은 신실한 사람들은 예수님이 하나님이라는 중요한 신앙고백과 하나님께서 삼위일체로 존재하심을 고백하

요한의 신앙과 예수님 이야기는 이후 속사도들의 시대와 교부시대를 거치며 중요한 신앙고백의 기준이 되었다. 우리 신앙고백이 그 기조를 형성하게 된 것은 요한의 헌신과 사역 덕분이다. 사진은 주후 325년 삼위일체 교리를 정립한 니케아의 하기아 소피아 교회이다.

는 신앙을 버리지 않았습니다. 그들은 사도들과 특히 요한으로부터 이어져 온 그 신앙 위에 더욱 굳건하게 섰습니다. 그러자 갑바도기아 같은 곳에서 깊은 신앙에 정진하던 바실리우스Basilius the Great나 그레고리Gregory of Nyssa같은 사람들이 삼위일체 신앙과 예수님의 하나님 되심을 고백하는 신앙에 동조했습니다. 그리고 많은 사람들이 사도들과 요한으로부터 이어져 온 신앙을 지키는데 함께했습니다. 교회는 콘스탄티노플Constantinople에서 다시 회의를 열어 삼위 하나님에 대한 신앙과 예수님의 하나님 되심의 신앙이 옳다는 것을 재확인했습니다. 그리고 칼케돈Chalcedon이라는 곳에 모여 예수님이 하나님이시라는 사실 그리고 하나님은 삼위일체 존재하신다는 고백을 최종 완성하기에 이릅니다. 바른 신앙의 승리이며 요한을 비롯한 사도들의 신앙을 계승하는 이들의 승리였습니다.

사도 요한은 동료들과 요한복음 20장에 이어 21장의 이야기를 추가하고 마무리하면서 이렇게 말했습니다. "우리는 그의 증언이 참된 줄 아노라."요 21:24 이 한 줄 문장은 모든 교회에게 중요한 기록입니다. 요한이 남긴 예수님에 관한 깊은 이야기가 요한을 넘어 그의 교회 동료들과 나아가 모든 다음세대 교회가 진리로 받아들이는 것임을 알리는 것입니다. 다른 모든 사도들도 그랬지만 요한은 특히 자기가 고백하는 예수님 이야기가 자기만의 것을 넘어 동료들과 모든 시대에 교회로 모이는 이들의 동일한 고백이어야 한다고 생각했습니다. 그는 이것을 위해 노구를 이끌고 세상에 다시 나왔습니다. 결국 사도 요한의 신실한 후배들은 선교 현장에서, 그리고 사역의 현장에서 그와 동일한 신앙고백을 나누며 교회의 역사를 이었습니다. 이제 '요한의 길'은 오늘 우리에게도 예수 그리스도에 대한 동일한 고백으로 이어집니다. 그가 걸어온 길은 이제 주님 다시 오시는 그날까지 꾸준히 이어질 것입니다.

요한의 길 위에 서서 드리는 마지막 기도
주님 오시는 그날까지 사도 요한의 정통한 신앙의 길 위에서 살아가게 하소서.